一歷百憂解

2

解鎖中國史

讀懂一場三千年皇權賽局

《一歷百憂解》製播人
李文成 著

suncolor
三采文化

CONTENTS

Chapter 1

男寵美妾交織的帝國祕辛與皇權角力

Chapter 4

改革的陣痛，那些興亡皆源於戰火的朝代

Chapter 5

霸權神話破滅，內憂外患夾攻的帝國轉型史

「中國朝代大事年表」彩色拉頁使用方法

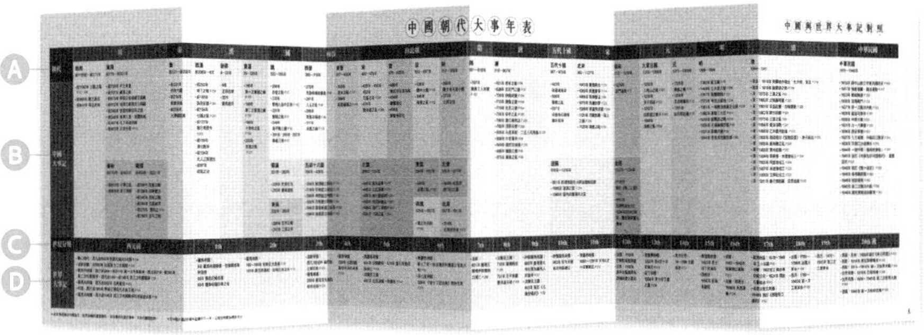

「中國朝代大事年表」以中國朝代分期為時間軸，收錄了以中國為主、世界事件為輔的重要事件。若事件收錄於書中，會於事件後方標注頁碼，可自行翻閱對照。

Ⓐ **中國史分期**：用「朝代」為分期，並標示起訖年分。

Ⓑ **中國大事記**：收錄書中提及與重要的中國大事件。

Ⓒ **世紀分期**：以 100 年作為分期，與中國史分期互相對照。

Ⓓ **世界史大事記**：收錄書中提及與重要的世界大事件。

作者序

每個朝代的掌權者，其實都在走鋼索

理解中國，是二十一世紀討論國際政治話題繞不開的核心。

在長江、黃河流域之間，數千年來是全球人口最為密集的農業精華地段，面對天災與游牧部落的反覆入侵，上古時代，他們無法如埃及人一般，累積足夠資源、建造金字塔，但定居於此的農耕民族，卻更把發展的注意力集中在制度建構上。

數千年的時間裡，雖然這片土地的主人民族各異、統治者們也沒有血緣上的繼承關係，但以帝國時代來看，大致可以區分成三個大時代。分別是：秦、漢、魏、晉、宋、齊、梁、陳的第一帝國時代；以隋滅陳後，遞嬗於唐、五代、宋的第二帝國時代；而在蒙古帝國徹底以文字、制度都不同的外國統治者身分消滅南宋後，第三帝國則開啟於朱元璋，終結於溥儀的滿洲國覆滅。

華夏三大帝國時代

- 華夏第一帝國：秦、漢、魏、晉、宋、齊、梁、陳。
- 華夏第二帝國：隋、唐、五代、宋、元。
- 華夏第三帝國：明、清。

然而，帝王的專制與中央集權，過往最被認為可以維繫統一的兩項要素，卻在使用之初就已經問題重重。當存在六百多年的秦王國經過了急速膨脹的土地，與相對應高度集權的演變之後，一統天下後的秦朝僅僅十五年，就讓這個看似征服已知文明、版圖極盛的龐大國家迅速土崩瓦解，而下一個繼承體制的王朝，必須重新摸索出堪用的新系統，以免自己重蹈覆轍。

於是，一個長達兩千年的冒險開始，所有帝王無論賢明或者昏庸，都無可避免地開始走鋼索——在試探權力的使用極限與維持自身統治基礎兩端，艱難地搖擺。

我們撕下後世喜聞樂見的宮廷祕辛與愛戀八卦，重新看待看似掌握權力、實則被權力掌握的帝王，是怎麼在這個過程中，最終擊潰所有牽制自己的力量，而發展到滿清帝國如此極權巔峰，這就是 Chatper 1〈男寵、美妾交織的帝國祕辛與皇權角力〉的內容。

而任何一名獨裁者無論主觀意願如何，都必須得有優秀的團隊，方能運轉他的國家機器。於是，選擇人才這個看似最基本的要求，也成為最困難的任務。從周王國時代，通訊系統與選才系統都還不成熟，周王選擇任人唯親，透過血緣、功業等價兌換一名人才在國家裡的權力與地位。

但這套體系發展數百年後，隨著血緣的疏遠、政局的變化，在春秋時代「下剋上」的風氣成熟，晉國、齊國這兩個最能拱衛周天子、真正尊王攘夷的國度，內部因為臣子的奪權，國君最終連宗廟都難以保全。於是進入到戰國時，布衣卿相、用人唯才的局面產生，也在越來越重功能性而非血緣的脈絡下，到隋唐兩代，終於出現一套使用期限可達千年的科舉體制。

然而，這個屢受西方哲士稱讚的選才方式，卻又在清末被當成禁錮思想、國家落後的「元凶」。透過選才的發展，也可以感受到不同思維、在不同時代裡所產生的影響。這是 Chatper 2〈古代狼人殺現場，誰能幫我治理國家？〉中會探討的。

至於一個王朝能夠強大與否，最重要的關鍵在於：統治者的制度設計與統治技術，在兩大要素——土地與稅收間，能否找到與被統治者的共識均衡點。

書中將透過一個印象中最混亂的時代：魏晉南北朝，一同來探討亂世的真相，過往五胡入侵、率獸食人的本質問題，真的是非我族類，其心必異？還是階級矛盾得不到調和？又或者五胡早已無華可亂。再沿著這個脈絡，重新看待王安石變法、張居正的一條鞭本質是什麼。這正是 Chatper 3〈財政改革浪潮來了！水退了才知道誰沒穿褲子〉中提到的內容。

在找到均衡點，並且朝看似正確的改革方向前進後，總有既得利益者仍會被嚴重侵犯，國家最高統治者又該如何來應對這些變化？中國史上發生的七國之亂、南朝內鬥、六鎮起義、安史之亂，有的直接瓦解了王朝的統治基礎，有的則強化了國家堅定改革的資本。這些重大的歷史關鍵，也對後代產生極為深遠的影響。這是 Chapter 4〈改革的陣痛，那些興亡皆源於戰火的朝代〉要告訴大家的。

自近世以來，三河流域（長江、黃河、珠江）之間的外患與挑戰加劇，自宋以後，武力越發弱小的王朝，逐漸無法抵擋不同體系與價值觀的統治者入侵，如：蒙古、女真，甚至是西方大航海世紀開啟，接連衝擊這個古老帝國的統治體系，最終在二十世紀，終於讓這套運作數千年的古老機器開始瓦解，然而它歷經崩毀後所重新運行的新制度，是真的與普世價值接軌了？還是僅僅沿用了舊有的專制、只是一套停留於形式上的變化而已？這是 Chapter 5〈霸權神話破滅，內憂外患夾攻的帝國轉型史〉中所探討的。

從精采的歷史故事出發、解剖那些傳聞已久的八卦，打破傳統認知框架，準備好用最安全的方式，來一趟精采的中國歷史旅行吧！

導論

華夏三大帝國的誕生和殞落

先來顆長鏡頭，當來自西方的野蠻小國「周」，以勝利者之姿踏入伊洛平原（又稱洛陽平原），這個曾經是黃河流域上最精華的農業文明區，領導人武王卻很快地撒手人寰。因繼任者成王由於過於年幼，故武王的四弟姬旦遂成為這個政治實體中最強掌權者，這引爆了千年爭論的「周公姬旦是否稱王」的議題。

但具體而言，這位實際意義上完成周從小邦國到王朝過渡的奠基者，的確是有巨大貢獻的。其中，他帶領部族不斷往東擴張、透過三監之亂❶的爆發，將自己的武裝殖民範圍拓展到黃河流域下游。

這裡為什麼借用「殖民」一詞，是因為周部族的文化與原本的商文明、甚至下游一些更古老時代的部落相較之下存在巨大差異，而在他們征服的過程中，也保存了本地原有的特殊性，與後世的大一統帝國追求「書同文、車同軌」不一樣。也因為統治技術、交通便利度、資訊傳播障礙等原因，使得周王不得找尋信任的兄弟、功臣，進行對征服土地的統治，以此來形成有效但並不嚴謹的統治，這種封建制度，頗有後世殖民的色彩。

而這次被稱作「周公東征」的軍事行動後，讓原本統治核心僅限於渭河平原的周，決定營建新首都在伊洛平原上，而記下這個對周王室裡子、面子兼具的大事件的，是一個叫何尊❷的青銅器。

青銅器上有一段文字，照搬了當年武王意氣風發入主伊洛時講的話：「**余其宅茲中或（國），自茲乂民。**」意思就是：「我將入住（宅）在（茲）中國，統治人民。」值得一提的是，這裡的「國」有「城市」之意，跟《西發里亞條約》後定義的主權國家有天差地別的差距。

❶三監之亂：又稱管蔡之亂或武庚之亂，為西周初期（西元前一〇四二～一〇三九年）三位貴族帶頭叛亂的事件，為中國第一個宗室之亂。

❷何尊：為西周早期的青銅酒器，是祭祀所用的尊，是名為「何」的宗室貴族所有。

至少，「主權國家」這個名詞正式成為國名，是要等到二十世紀初。

但從周王朝開始，華夏大地開始了一條追尋更集權、更有效統治大規模部落與人口的道路。這條道路在歷經了五百年的春秋、戰國亂世後，同樣是由一個來自西方的國家，完成了第一階段的探尋，這就是秦帝國的誕生。

秦在經歷了春秋時代的「高築牆」——打造了在隴西地區的強大影響，在穆公時代多次企圖東征試探中原諸侯虛實；到了戰國中期的「廣積糧」，由獻公、孝公兩代進行改革，引進了墨家尚同的精神，奠定國內軍人的團隊精神與兵農一體的思維後，迎來了法家巨匠衛鞅力行變法，打造了一支天下莫與之敵的銳士，最終屢屢打敗原本這個時代的第一雄師——魏武卒❸。

最後，秦在孝公之子——秦惠文王嬴駟的時代，結束了「緩稱王」的局面，透過縱橫家張儀憑藉三寸不爛之舌，將外交制敵的精神發揮到淋漓盡致，最後擺平了同時代兩大強國：齊與楚。

然而，在秦國即將登上戰國之巔時，忽然崛起了另一個不容小覷的鄰居——趙國，這個異軍突起的國度進行高度軍事改革後，展現強大的爆發力，在閼與之戰❹中，痛擊幾十年未嘗敗績的秦國大軍。

直到名為白起的殺神降臨長平，才遏止住趙國崛起的勢頭。

三十三年後，嬴政帶領天下無敵的秦軍進入了東方古老國度齊的首都臨淄，自此，拉開了華夏大地長達兩千年的帝制階段。

書中會以「華夏第一帝國」來稱呼由秦帝國開始直到六朝覆滅為止、具有禪讓形式維繫的政權；而「華夏第二帝國」則是指隋朝開始，直到厓門海戰❺蒙古帝國徹底消滅南宋；「華夏第三帝國」指的是制度上有高度雷同的明、清兩個帝國，雖然嚴格來說兩者沒有繼承關係，只有單方面的消滅。

由此，我們收起長鏡頭，一起聚焦在兩千年前的未央宮，展開這場精采的紙上歷史體驗之旅。

❸魏武卒：由戰國初期的魏國將士吳起建立的一支重裝步兵軍團。

❹閼與之戰：於西元前二七〇～二六九年發生，因趙國以公子部為質，與秦簽定協議，卻事後反悔，惹怒秦昭襄王，並以趙國失約為由，出兵攻打趙國閼與。

❺厓門海戰：發生於一二七九年，為南宋軍與元軍交戰，也是南宋滅亡，元軍入主中國的關鍵之戰。

Chapter 1

男寵美妾交織的帝國祕辛與皇權角力

逐權與爭權，是每個朝代繞不開的核心，撇除宮廷祕辛與情愛八卦後，且看待表面上掌權，但實則被各方權力束縛的帝王，如何從其中殺出重圍……

【01】

華夏第一帝國時代——緋色未央宮

「一切世俗的權力，都會使人成為無賴。」
——蕭伯納

歷史小檔案

登場人物

劉邦、劉恆、劉徹、劉欣與他們的「男友」們

發生年代

西元前 2 世紀到西元元年

國際上正發生

- 羅馬：正在共和時代的強盛之路上，先是打敗亞歷山大的繼位者們，並透過三次布匿戰爭❶徹底站穩了地中海霸權。

帝國時代到來，彷彿預示著歷史即將走向一條秩序與規則明確的道路，脫離了更古老的巫術、封建、迷信與混亂，但翻開漢帝國的宮廷故事，卻能隱約感受到不對勁。象徵權力至高且神聖不可侵犯的皇帝本人，各個都有混亂複雜的感情故事，令人費解的是，在美女如雲的漢宮，為何會高頻率地屢次出現關於男色的記載。是基因問題、男能可貴，還是有更現實的考量？

位處長安的未央宮，時序已經來到略有寒氣的秋末，一則來自淮南造反的消息傳到了宰相蕭何的案前：曾經是項羽手下極有戰鬥力的將軍英布，舉大軍造反。由於漢高祖劉邦先前多次判斷，此人為了子孫後代計，縱使有反意，也不敢真的動手，因此消息傳來，讓朝廷上下無不感到震驚。

但是讓人震驚的卻遠遠不止於此，由於臥病在床的漢高祖劉邦始終沒有現身，這

❶布匿戰爭：為地中海兩大霸權：古羅馬和古迦太基發生的三次戰爭，最終迦太基戰敗。

讓早已經略顯不安的緊張氛圍，更是加劇籠罩了整個漢帝國首都。而對於姊夫劉邦的不作為，同時也身為開國功臣的樊噲實在是看不下去了，於是帶著一眾大臣直奔皇帝寢宮。

男色當前，朝政真的很難把持得住啊！

此時一個足以讓天下人都感到社會性死亡的場景，驟然出現在大家眼前：

「**上獨枕一宦者臥。**」——《史記．樊酈滕灌列傳》

皇帝竟單獨跟一個宦官躺在了床榻上！這一幕擺在沛縣起家的一群哥兒們面前，自然是無比詭異，難道我們的皇帝大哥有龍陽之癖？

樊噲看了或許先是感嘆：「愛是會變的」，也可能感覺出帝國已陷入危機，在高祖面前聲淚俱下地說道：

「一開始皇帝同我們在沛縣起兵，平定天下是多麼雄壯威武，而現在天下已經平定，怎麼就虛弱到這種地步，不只不跟我們討論國事，還獨自跟一個宦官廝混，難道

您已經忘了趙高當年亂政的故事嗎？」❷

至於這個深受皇帝寵幸的太監是哪位幸運兒，同樣依循著《史記》脈絡，可以找到一條線索：

「漢興，佞幸寵臣。高祖時則有籍孺，孝惠時有閎孺。此兩人非有材能，但以婉媚貴幸，與上臥起。」

這段文字透露出兩個消息：一為這位集三千寵愛於一身的太監名為籍孺，二來更可怕的是，高祖兒子惠帝也有個這樣的「男寵」，名叫閎孺，這兩人都不具有才華，但憑魅惑之功，就可以爬上龍床。

劉邦家皇帝接連兩代竟都禁不起男生的誘惑，甚至對佞臣有著超乎尋常的依賴。如果你以為男寵的權力就只有常伴君王側，那就錯了。

直到後世稱之為聖主的漢文帝時代，也有一位能夠手眼通天，並且掌管「中央銀行鑰匙」的寵臣，名為鄧通。

---

❷出自《史記．樊酈滕灌列傳第三十五》原文：「始陛下與臣等起豐沛，定天下，何其壯也！今天下已定，又何憊也！且陛下病甚，大臣震恐，不見臣等計事，顧獨與一宦者絕乎？且陛下獨不見趙高之事乎？」

這則故事則更為離奇，源自於《漢書．佞幸傳》的記載：「有一天漢文帝做夢想登天，而一個頭纏黃巾的男人幫了他一把，醒來以後皇帝對那個能幫助自己物理『登天』的男人念念不忘，於是下詔在長安城找尋，神奇的是，還真有一個男人符合了他夢中情人的形象，此人就是鄧通。」❸

皇帝為了展現自己對鄧通的寵愛，甚至大筆一揮，直接將數十萬金賞賜給這位帥哥。到底誰告訴我外表不重要的，請他回頭來看看《漢書》吧。

這兩個人的故事越發展到後來，就越是兒少不宜，由於這個帥哥除了帥一無所長，甚至連社交技能都無限趨近於零，所以鄧通整日只能待在文帝身邊。

比狗腿更離譜，男寵的職場求生智慧

一次文帝腿上長了瘡，鄧通為了表達自己的愛，竟毫不猶豫地對著膿瘡吸吮。皇帝在且喜且憐且疼的複雜情緒下說出：「這天下，誰是最愛我的人？」鄧通則正常發揮地回答：「當然是太子。」

其實這句話看起來真的很有「男寵的智慧」，他知道有天帝國終究會換主人，幫下一個老闆講好話，就是幫自己預留退路。

但因文帝的腦迴路過於清奇，而使得這則故事有一個黑色幽默的結尾，非常有實驗精神的文帝為了證明太子對自己的愛，在太子前來探病的時候，命令太子也要來吸吮自己的膿瘡。

太子在一臉嫌惡地拍完這部「大漢父慈子孝」最經典的歷史鏡頭後，轉頭問侍者，爸爸究竟是哪根筋不對勁，居然提出這種要求，真的從來也沒聽過。

侍者回答：「因為鄧通說你是天下最愛皇帝之人，皇帝又喜歡做證明題，於是才有了剛才的測驗。」這時太子在想到剛剛尷尬又難堪的「孝親畫面」同時，大概也成功腦補出鄧通對自己父親「表達忠誠」的模樣，一時噁心得「男以自拔」。

於是當這位太子後來一繼位，並迅速地除掉鄧通，在他一代人的時間裡，成為漢

---

❸鄧通：《漢書．佞幸傳》：「文帝嘗夢欲上天，不能，有一黃頭郎推上天，顧見其衣尻帶後穿。覺而之漸臺，以夢中陰目求推者郎，見鄧通，其衣後穿，夢中所見也。召問其名姓，姓鄧，名通。鄧猶登也，文帝甚說，尊幸之，日日異。通亦愿謹，不好外交，雖賜洗沐，不欲出。於是文帝賞賜通鉅萬以十數，官至上大夫。」

朝少數沒有「左右為男」的皇帝，他就是鋼鐵直男漢景帝劉啟。

但，這種「男能可貴」的行為往往只有零次與無數次的差別，到了他兒子漢武帝時期，又是滿宮盡是飄腐味的精采時代。

漢朝，十個皇帝九斷袖，剩下一個不好說

漢武帝劉徹政事上雖然無比英明，但對男色的喜愛程度卻是令人瞠目結舌，他在年少時代已有青梅竹馬韓嫣陪伴在側，然而韓嫣因為犯禁而被太后除掉。於是武帝落寞之餘，竟又看上了韓嫣的弟弟韓說，自此又維持了一段數十年的禁斷之情，兄弟丼吃得好不愉快。

後來，皇宮中來了一個唱歌、作樂都非常厲害的宦官李延年，他的出現也讓武帝愛不釋手，甚至這讓皇帝產生出一個瘋狂的想法，他竟愛屋及烏地連帶把李延年的妹妹也納入後宮、冊封高位，後世稱孝武皇后李氏。

而這個總是「小孩才做選擇、我兄弟姊妹全都要」的漢朝霸道總裁，後來對衛子

夫、衛青也都比照辦理。

以至於《漢書・佞幸傳》在末尾加上了這行字：「**衛青、霍去病皆愛幸，然亦以功能自進。**」沒錯，衛、霍這兩位被譽為華夏史上最強戰神，也都是武帝的愛人，只是他們各有功業，比起純粹可愛、帥氣的男寵，更能為國效力而已。

在漢武帝之後，由於昭帝太過於年輕就過世，加上在權臣霍光的監視之下，並沒有留下太多緋色新聞。而漢宣帝劉詢則是在漢朝史上繼景帝之後，少見的純純鋼鐵直男，除了對元配許平君執著的愛戀、留下「故劍情深」的典故外，似乎也跟花邊新聞沾不上邊。

但來到元、成兩位皇帝的時代，男色就又滿未央宮翩翩起舞了，前有太監石顯、後有淳于長，以及單憑床笫戰功就能封侯的張放。漢成帝由於太過寵幸張放，以及晚年愛上了不孕不育的趙家姊妹，居然成功地讓自己絕嗣。

而此後登場的，更是以「斷袖之癖」弄得街知巷聞、傳頌千年的漢哀帝劉欣。關於他對男寵董賢的愛，也十分令人瞠目。他不但讓這位史上最有名的小白臉得到四十三億錢的賞賜，而且年僅二十二歲就位列三公，孔子後人、時任宰相的孔光都得對他禮遇三分。

更可怕的是，劉欣愛他愛到差點把江山拱手相讓，有一次，在微微酒意的作用下，皇帝居然看著董賢微微笑道：「**吾欲法堯禪舜如何。**」

這也難怪讓《漢書》作者班固感嘆地說：「**柔曼之傾意，非獨女德，蓋亦有男色焉。**」你以為柔媚是女生的專利嗎？男生也可以啊。

皇帝與佞臣的愛，是可歌可泣還是可割可棄？

但仔細想想，漢朝皇帝對男色愛不釋手真的是基因遺傳嗎？如果細讀《漢書》與《史記》，就會發現，皇帝的權力真正強大起來，並能夠徹底落實中央集權，並不是在秦始皇統一天下的那一瞬間就達成。此後繼承帝國統緒的漢朝，才是真正能實施天子號令天下，而天下莫敢不從的政權。

這過程經歷了漢高祖劉邦訂定「憲法」白馬之盟❹，先有了「非劉氏而王者，天下共擊之」的共識，讓諸侯即使分封，也必須是皇帝血親；來到漢景帝時期，又透過平定七國之亂❺，斷絕了諸侯可以「兵諫」中央、「清君側」的實力；又到了漢武帝一朝，採納主父偃建議，頒布「推恩令」❻、逼反淮南王，進一步削弱地方力量，終於讓天下中樞第一次真正落到了長安未央宮。

但是，未央宮外那些技術官僚及累積軍功的世代公侯，又成為了可以威脅皇權的存在。於是透過「寵愛」，超格提拔一些沒有影響力的人成為自己心腹，並賦予他們遠高於名分的權力時，就能有效地壓制宰相、三公、御史這些專業而且盤根錯節的文官系統。

而且，重用這些徹底落實皇帝意志（也或者說除此之外一無所長）的男寵們，也可以毫無心理負擔地將可歌可泣的愛人，無痛轉為可割可棄的白手套。

常常會有人在讀完西漢歷史後，問我：漢武帝真正所愛到底是衛子夫、陳阿嬌、

---

❹白馬之盟：為漢高祖劉邦在位時，以殺白馬的方式所訂立。有兩個訴求：一為「國以永存，施及苗裔」；二為「非劉氏而王者，天下共擊之，若無功上所不置而侯者，天下共誅之」。

❺七國之亂：發生於西元前一五四年，以吳王劉濞為中心，因不滿中央的削藩政策而連同其他六個劉姓宗室諸侯反抗朝廷。

❻「推恩令」：西元前一二七年頒布，主要內容為同意諸侯王能分封自己的子、弟為列侯，同時削弱諸侯王國的實力，集權中央。

鉤弋夫人？還是最讓腐女們振奮的衛青、霍去病這類帥哥？

答案往往很無情，卻也很真實：

你怎麼會覺得一個政治機器的真正運作者會擁有正常的情緒與愛呢？如果真要說他們的真愛始終就只有一個，那就是權力。

可悲的是，這些男寵、白手套們在被皇帝無比寵幸、賦予至高權力的時候，或許也都忘了一個真理：往往我們接近權力時，都會產生自己擁有權力的錯覺。但是在專制皇權時代裡，又有誰夠能真正走進皇帝的內心，又有誰可以在錯覺破滅後，不落得身敗名裂呢？

歷史情境對話站

1. 專制時代的戀愛風氣與家庭概念，與現代有什麼不同？許多人會說，同性婚姻是道德倒退、世風日下、人心不古的展現，讀過這段歷史後，你又會有什麼想法？
2. 皇帝集權在漢朝終於落實了，但幫助皇帝完成中央集權的人，如賈誼、晁錯、主父偃似乎都沒有好下場，你認為這可以說明什麼道理？在現代政壇是否常常發生？

延伸關鍵字　想知道更多，請搜尋——

#外戚干政　#王莽　#衛青　#霍去病　#董賢　#淮南王謀反

【02】

血色洛陽風暴：接連不斷的離譜政治秀

「燈光正在熄滅；我們有生之年不會看到
它們重放光明了。」
——英國外交大臣愛德華・格雷爵士

歷史小檔案

登場人物

王莽、賈南風、司馬倫

發生年代

2 世紀末～ 5 世紀

國際上正發生

- **羅馬**：帝國建立後，已經轉眼走入危機四伏的年代，西元 193 年，整個帝國共有五人競逐皇帝大位，稱「五帝之年」。此前的安東尼大瘟疫❶也嚴重削弱國家的力量。在華夏第一帝國即將落幕之際，3 世紀亂世也同時降臨於西方。

當年漢武帝想透過董仲舒的「天人三策」神話皇帝權威，甚至讓後世學者衍生出「罷黜百家，獨尊儒術」❷的結論。然而，事實上董仲舒融合了很多陰陽家的學說，甚至也在「不語怪力亂神」的灰色地帶上遊走。漢武帝在這三次跟董仲舒書信往來的過程中，找到一種究極解決人民反政府的辦法：讓上天跟皇帝綁得更緊，人民或許敢反對世間的皇帝，但是絕對不敢反對遙不可及的天。

其實董仲舒與當時儒生提出的「天人感應」概念源自於《尚書・洪範篇》，主要講述王者的施政與天氣變化的關聯。這原本是用以制衡君主權力過度擴充，因為世間

❶安東尼大瘟疫：發生於一六五～一八〇年，可能出現於羅馬圍攻美索不達米亞城市塞琉西亞期間，主要病原為天花或麻疹。

❷獨尊儒術：這是民國後的學者易白沙在一九一六年二月十五日《青年雜誌》第一卷第六號發表〈孔子評議〉中，為了抨擊儒家與孔子學說禁錮思想而提出的新名詞。

無人可以作為約束皇帝的存在，乾脆就把責任一腳踢給上天——如果皇帝施政不當，就可以用日食、洪水、饑荒、災疫、地震等狀況來勸諫皇帝，是不是有些政策做得讓上天不滿意，才會有這樣的災禍。

以為政治秀只出現在民主時代？王莽才是祖師爺

這個模式表面上的確好幾次逼迫至高無上的帝王低下頭來認錯，於是漢朝好幾個皇帝都有寫過「罪己詔」，並以縮衣節食的方法來具體反省。

然而這套思維在具體使用後出現兩次變異，一次就是剛剛提到的漢武帝，他將董仲舒在著作《春秋繁露》裡「**唯天子受命於天，天下受命於天子**」的概念加以擴張，合理化自己的擴權。

再來到了西漢晚年，天災人禍頻發，有野心的政治人物便以這套邏輯用來形成「改朝換代」氛圍的工具，這個人就是王莽。

上天要給人間指示，除了災變之外，也可以有對應的祥瑞，也就是好的徵兆，像是豐年瑞雪、神奇的鳥獸出現，王莽就很善於製造祥瑞。

例如：他在西元前一年（元壽二年）擔任權力幾乎等同於宰相的大司馬時，就讓地方人士進貢了白色雉雞，以此來對應當年周公輔佐成王時，遠方小國貢獻白雉的歷史故事。

這個舉動讓朝野上下看得明明白白，雖然王莽表面上只是天意的見證人，原則上不發言，但大家都知道，他是在暗示自己就是當朝周公，就只差沒有喊出來了。王莽賞賜了不遠千里進獻白雞的人，朝中風向看得準的「尚書大人們」很識相地於西元四年（元始四年）獻給王先生一個特殊的名號「宰衡」——意即你有如當過太宰的周公，加上當過阿衡❸的伊尹。

政治秀做到這個地步，偏偏西漢帝國統治者又有一堆荒謬離譜的言行，這就讓王莽這種天生自帶網紅性格的人迅速抓到流量密碼。

在「白雞事件」後，各地想要讓王莽「開心」加官晉爵、自己也能因此升官發財

❸阿衡：官職名稱，為古代執政的大官。

的人們，絡繹不絕地進獻各地祥瑞，表達老天與民同樂、從不吝嗇告訴天下人王莽有多優秀的「挺莽九虎將」在各地捲起「莽流」，為聖人莽造勢的人們徹底吞沒了大眾的理智。

最終，王莽徹底利用了西漢帝國統治手段裡最邪門的武器「天人感應」，反過來消滅了西漢帝國。

但是任誰也沒料到，這次幾無大規模流血革命，甚至可以稱作上古代版「政黨輪替」的改朝換代，居然可以是更大災難的開始。十五年後這個被現代網路上稱為「穿越者」、「未來人」的王莽就把自己的國家搞到窮途末路。

四百年後梁朝皇帝蕭衍曾感慨道：「**自我得之，自我失之，亦復何恨？**」而王莽大約在離開人世前，也有類似的感受。他最終在反抗軍攻入京師的窘境下，在戰爭中被割去腦袋。

伴隨王莽而去遭受嚴重打擊的不只是他的帝國，還有曾經在上古時代因為特殊地理位置而屢屢成為國家統治核心的關中地區（即渭河平原），在經歷這次戰火後，新建立的東漢政權只能將重心遷往伊洛平原——洛水之北的洛陽。

明明地理位置很棒，但到東漢忽然風水出問題

東漢建國之初，光武帝劉秀與各地世家大族保持還算良好的合作模式，加上全國剛經歷戰亂復甦期，各地都有欣欣向榮的景象。但是在專制時代，一個國家的制度能否被良好運轉，與皇帝個人的健康息息相關。

這在二十一世紀某些獨裁國家中還是可以看出端倪，只要他們的「將軍」因為過度肥胖而導致各種身體不佳的消息流出，就能弄得內外紛爭討論不斷。偏偏東漢王朝在創業者劉秀以六十歲高齡離世後，長壽皇帝忽然就再也沒有「量產」過。

這件事情甚至在時隔幾百年後，還被韓愈當作反對佛教的藉口，拿來規勸唐憲宗——信佛教不會讓你長壽。用數據來佐證這段嘴炮似乎也合理，章帝、和帝、殤帝、安帝分別以三十一、二十七、一、三十一的歲數離開人間。

這就產生在東漢看到的歷史怪圈：皇帝年幼登基、母后臨朝導致外戚干政、皇帝長大重用宦官制衡外戚，但皇帝又英年早逝，導致下一個惡性循環開始。

這也就讓人不禁好奇，這個居於天下之中，按理來講應該匯聚各種靈氣的洛陽城，是不是風水上出了什麼問題？

但魔法還是要用魔法來解決，眼前比較實際的問題是，如果皇帝早逝的循環無法停下來，會導致一連串激烈的政治鬥爭與動盪，長期下來國家鐵定是會出問題，試想金將軍如果三天兩頭就駕崩一個，那個國家將會亂成什麼樣子？

凋敝亂世，盛產最多的不是英雄，而是受苦百姓

因此，東漢的統治者們透過了當下的政治結構來避免問題惡化，於是，以皇帝與宦官組成的第一集團、外戚結合士人的第二集團以及在外部掌兵的地方勢力第三集團，三者之間形成了互相牽制的另類「三權分立」，並運作到了王朝晚期。

隨後，一八四年的黃巾之亂，拉開了歷史迷們都覺得非常精采的三國時代序幕，然而此後一直到西晉統一的二七九年，這將近一個世紀的時間，卻也是華夏大地上最悲慘的時光。

根據葛劍雄的《中國人口史》統計，在這一百年間政府所能掌握的戶口，從一八四年（光和七年）東漢靈帝時的五千五百萬，到二八〇年（太康元年）晉武帝再次統

計時，僅僅剩下一千六百萬。

想想看人口銳減七成是一個什麼概念，王粲在〈七哀詩〉裡寫的「**出門無所見，白骨蔽平原**」、曹操〈蒿里行〉所言的：「**鎧甲生蟣蝨，萬姓以死亡**」，不知道多少人在與君生別離的痛苦裡，看著無數男女老少、亂世孤離一同用肉身為時代「舉身赴清池」、「自掛東南枝」做無謂的獻祭。

同時，兼併戰爭仍然持續，赤壁之戰❹、夷陵之戰❺、多次蜀漢的北伐與規模空前浩大的壽春三叛❻，都加速著死亡與絕望蔓延。

三國仍是英雄豪氣充足的年代，但養出他們豪氣與蒼涼的代價，實在是巨大得令人難以想像。以制度層面來看，在戰亂過程中，東漢最後一位皇帝透過禪讓的方式把皇冠過渡到曹丕頭頂，四十年後曹家再將皇冠拱手相讓給了司馬炎，而且兩家雖然奪

---

❹赤壁之戰：二〇八年，曹操南攻荊州之戰役，歷史上少數以少勝多的戰爭之一。此戰後，奠定三國鼎立之勢。

❺夷陵之戰：發生於二二一～二二二年，由漢昭烈帝劉備領軍攻打吳王孫權，而吳國則派出大都督陸遜應戰，最後陸遜用計「火燒連營」，造成漢軍數萬傷亡，劉備大敗後退回白帝城，從此重病。

❻壽春三叛：又稱淮南三叛，發生於二五一～二五八年間，起因於司馬氏奪權專政，導致鎮守壽春的太尉王凌、鎮東將軍毌丘儉和揚州刺史文欽、諸葛誕分別於壽春發動叛亂，三次兵變皆以失敗告終。

權過程並不光彩，至少他們最後一塊遮羞布還是緊緊掩蓋著——至少沒有除去前朝皇帝與其家屬。

當然這也是一場政治秀必須要維持的體面，反正前朝貴族已經沒有影響力，無須斬草除根。然而讓人遺憾的是，看似天下恢復一統，凋敝的亂世應該要畫下句號了，偏偏上帝在這裡卻黑色幽默了一把——抱歉寫錯了，只是逗號。

家教真的很重要，教育失敗的毀滅性結果

教育的本質，就是愛與榜樣。

司馬家透過政變、陰謀與「三世紀的白色恐怖」終於坐上至尊寶座，建立了西晉。但是所有命運贈送的禮物，早已在暗中都標好了價格。這個家族數代以來行事不正，終於在第三代身上發生了最惡劣的化學變化。

司馬懿透過臭名昭著的高平陵之變[7]徹底擊垮了曹氏貴族力量，此後繼續將背信棄義發揮得淋漓盡致，也導致了壽春三叛的發生。

當時淮南的領袖王淩因不滿司馬家的專斷，於是打算擁立楚王曹彪，取代已在洛陽成為傀儡的曹芳為魏國新帝。司馬懿拖著病體以七十高齡親赴戰場前線，並且爐火純青地使用詐術，欺騙與自己同朝為官數十年的王淩：只要選擇與朝廷合作，則一切既往不咎。

王淩在準備不足、又擔心淮南地區生靈塗炭的多重考量下，決定與司馬懿妥協，並且換得了司馬家最豐厚的回報：夷滅三族。

司馬家長者「溫暖」如斯，也難怪家族後代有樣學樣後，會釀出數十年後那場毀天滅地、自我屠戮的災禍。

如果說司馬懿身上還有隱忍這項正面特質可學，他的長子司馬師的決斷與殘忍也算說得過去，至於次子司馬昭——就幾乎沒有可取之處了，他的豐功偉績如下：在歷史上第一個當街誅殺天子、弄得自己野心「路人皆知」；把自己次子司馬攸過繼給沒有小孩的哥哥，原本承諾未來要將爵位傳承給「名義上的侄子」以維持嫡長子繼承的

---

❼高平陵之變：又稱正始之變，發生於二四九年二月五日，司馬懿趁魏帝曹芳與曹爽來到高平陵拜謁時發動政變，事後夷滅曹爽三族，至此由司馬家族完全取代曹氏掌權。

傳統，後來又反悔，選擇了長子司馬炎繼承大位，稱晉武帝。

最後就是對當時不願意跟司馬家合作的文人，凶惡地舉起屠刀，斬下了嵇康。自斷了「魏晉風骨」，從此朝中僅存奸惡如賈充、貪汙如石苞之流。

到了第三代司馬炎時期，他一方面擔心曹操家族諸王實力不夠、權臣篡位的局面再次上演（對，就是怕再出一個像他阿公司馬懿這樣的「忠臣之流」），一方面又擔心弟弟司馬攸在京城隨時可能取代自己，於是下令諸王出鎮地方。

說來諷刺，從漢朝建國以後，皇帝都一直在想辦法削弱諸侯實力，最初翦除了韓信、彭越、英布，到景帝時代平定七國，武帝更是透過「推恩令」讓每個諸侯王的兒子都有土地分封繼承權，徹底將王爺們對帝國的控股稀釋到可以忽略不計的地步，但司馬炎卻背棄了這條道路，讓時間彷彿往回倒轉了一千兩百年，回到周武王分封天下的時代。

司馬炎放出了諸侯王爺這群神燈的藍精靈後，不但沒有得到許三個願望的機會，反而會在這之後三十年看到一場八王之亂的浩劫，而唯一值得慶幸的是，至少那時候他已經永遠地闔上雙眼。

國家滅亡該怪誰？司馬衷首當其衝

而在在司馬炎告別人世前，還留下一則香豔故事。晉武帝因為妃嬪過多，常常不知道夜晚應該到哪留宿，於是使用羊車拖曳代替翻牌子，到哪一座宮殿就在哪裡「休息」。當然，還有一個貽笑千年的錯誤決定——選擇智商不足、大約只會好好呼吸的司馬衷當太子。

直觀上來講，這件事很不應該。此前的歷朝歷代，在國家剛建立、第一代要傳位第二代時，都免不了地會出狀況：周朝時有三監之亂、秦帝國二世而亡、漢帝國出現呂后家族的奪權。

有了前車之鑑，誰都知道這時候應該冊立一名可以威望、能力雙雙在線的儲君，才能夠穩定江山。因此，當時皇帝身邊的大臣各種花式委婉進諫，希望皇帝不要真的把一塊只會呼吸的肉安排進東宮。

譬如，為帝國立下汗馬功勞的名將衛瓘，曾在喝醉時指著司馬炎的座位說：「可惜了這張寶座。」有次司馬炎跟時任中書令的和嶠說：「我看太子好像越來越進步了」，和先生毫不猶豫地接上一句：「殿下聖質如初。」翻譯翻譯就是：你那個好兒子跟當初一樣蠢，哪來的進步可言？

怎麼說呢，傷害性與侮辱性感覺雙雙拉滿了。但司馬炎考量的，卻是愚蠢太子司馬衷背後綁定了一堆政治家族，若廢除了他的繼承權，勢必會引來朝廷動盪。

其實任何再愚蠢的政治決策，背後都會有不得已的理由，但司馬炎終究不該因此合理化自己做出災難級判斷的錯誤。也奇怪他怎麼就沒想過，動盪還至少有補救環節，如果直接崩塌，就連救也沒得救了。

司馬衷的愚蠢後來被永遠的定格在「何不食肉糜」這句話上，而從後來他被諸多王爺當成傀儡玩弄於股掌間的無為，也證明他縱使智商沒有問題，也絕對不是一個合格的帝王。

皇帝愚蠢、皇后狠毒，晉國未來好堪憂

當然，也有不少人會把晉帝國滅亡怪罪到賈南風頭上。

賈南風，是司馬衷的妻子、一個以善妒且淫亂聞名於歷史的皇后，她的父親是惡

名昭彰、當街刺殺天子的賈充，因為當了司馬家最忠實的白手套，在新朝建立後得到了豐厚的回報——獲得了入股西晉集團的權力，女兒賈南風也被封為了太子妃，而後冊封為皇后。

臣妾也想賢良淑德，但皇帝太無用，臣妾做不到啊～

賈南風政治手腕高明但心狠手辣，見東宮女子有孕，便將其殺害，堪稱打胎大隊長，甚至逼害太子，最終引發八王之亂。

然而根據官方正史《晉書》記載：賈南風曾經多次與太醫以及首都圈內長相俊美的小鮮肉們，不斷發生非法的肉體歡娛。甚至引起了洛陽城裡的都市傳說：長得太帥，可能隨時在路上人間蒸發。

後來有一個美少年在失蹤多日後，回到家裡後因為穿金戴銀，特別引人注目，有人懷疑他偷竊，在公堂之上，帥哥講了一段刺激但不香豔的故事：有一天他在路上遇到一個老婦人，說家裡有疾病，必須要到城南找個少年來沖煞，如果帥哥願意就給他大大厚禮。

帥哥沒有反對，搭車到了一個像是天堂的地方。在他洗澡、換上新衣服之後，忽然被送到一個三十五、六歲的「姊姊」面前，看見可口的鮮肉後，心花怒放的姊姊決定將他「見留數夕，共寢歡宴」，直到要分別前，送給了他極為華麗的衣服。

當這段光怪陸離的供詞講完，整個法庭忽然陷入一種滿是默契的歡笑，因為所有在場的人都知道，這位姊姊就是當朝以黑矮短小、其貌不揚聞名的皇后大人。

如果說這樣的記載出自於筆記小說也就算了，居然連司馬光在《資治通鑑》裡都大段引用。當然，我也不會覺得她必須被洗白，賈南風的確是作惡多端，特別是在她廢殺與自己沒有血緣關係的太子這件事上。

最後希望破滅了，司馬遹的被自殺

司馬衷雖然愚蠢，但他的兒子司馬遹卻自幼就有聰慧的評價，而給他大力點讚、保駕護航的就是爺爺司馬炎。

這當然也是有一段八卦，當初，司馬炎急著抱孫，並將自己宮中的謝才人送給了兒子司馬衷，沒多久，他的「好聖孫」司馬遹就誕生了。至於當時年紀尚小、智商也不知道夠不夠「解風情」的司馬衷是一夕開竅、一點就通，還是傻傻地誤把弟弟當兒子，也實在不得而知。

對一輩子都無孕的賈南風來講，司馬遹的存在讓她彷彿芒刺在背。她很擔心這個與自己毫無血緣關係的兒子萬一在未來繼承大統，一定會對她與背後的政治集團進行清算，索性那就不要讓他有機會長大了。

賈南風收買了大文人潘安，趁司馬遹酒醉的時候，逼迫著他抄下一段大逆不道的文字，意思大致上就是：父親、母親請趕緊自殺，不然「孝子」我就只好代勞了。這時看到文章的司馬衷再蠢，也不需要再另請高明，翻譯翻譯這是什麼意思，一怒之下就要廢殺自己這個不孝子。

所幸當時大臣集體力勸，才勉強沒讓這場人倫悲劇立刻發生——至少是拖延了一下。因為在後來，這位當朝太子死得更加憋屈，竟被賈南風派去的太醫令拿熬藥用具「杖殺」在廁所裡。

當然，看到這裡你就知道，賈南風這種破壞既有秩序、打開惡性政治鬥爭先河的舉措，絕對要為後來國家滅亡負責。但是，回到洛陽篇的開頭，我必須再強調一次：在這麼多惡劣的行為當中，男性還是最需要負責任的。

政治秀做過頭，也把國運給做沒了

當雪崩時，沒有一片雪花是無辜的。具體代表就是皇帝的叔祖父——趙王司馬倫（司馬懿的第九個兒子），當時的司馬倫在政治站隊上，一直都跟賈南風比較靠近，但是當他得知皇后有意殺太子時，內心還是糾結了一下——再怎麼說都是我司馬家的子孫啊！

然而這時，他身邊有個以「毒士」之名走跳江湖、弄得自己惡名昭彰的謀臣，名叫孫秀，他與司馬倫進行了一段非常具有既視感的對話：

「我問你，是賈南風重要，還是司馬遹重要？」

趙王想了一下：「當然是司馬遹重要啊。」

孫秀陰著臉回了三個字：「再想想。」

趙王正色道：「賈南風重要。」

孫秀繼續不留情面地說：「再想想。」

趙王這下也傻了：「難道還是司馬遹重要？」

孫秀這時才丟出最重磅的答案：「沒有他們，對你來說很重要。」

「如果讓皇后太子互相殘殺，無論哪一方最終勝利，我們都將可以舉起大義之名，輕鬆除掉他，到時候趙王就是天下絕對的共主了。」時隔千年，彷彿都還可以看見孫秀低眉淺笑的陰險嘴臉。

於是司馬倫這個本應成為維持帝國倫常的長輩，竟成了西晉宮廷裡默默助長亂倫的禍源。

事後也一如孫秀的估算，司馬倫在聽聞太子一命嗚呼之後，立刻板起一張正義天使的臉孔，將賈后與她的黨羽——帝國的宰輔之才張華、文人集團的代表石崇、潘安等人全部一網打盡，最後通通送了他們一張黃泉單程旅行券。

司馬倫也算是歷史的一個奇葩，在翦除賈后餘黨後，他給自己加封了一個皇太叔的職銜（實際上是叔公），然後就開始他的篡位流程，並且搞笑地給他孫子輩的司馬衷上了太上皇的尊稱。

可惜這個人雖然有高遠的志向，卻沒有匹配的能力，在他登基之後一直處於演技拙劣、卻又愛演的尷尬局面，例如每次遇到政治難題時，他都會表演司馬懿附體的好戲，讓他早已死去數十年的父親出來對自己大加讚賞一番。

這一系列拙劣的政治表演，不要說放到現在會讓你尬到頭皮發麻，千年前被侮辱智商的西晉官員也有同感。

一時之間，為了挽回大崩盤的民調，司馬倫決定不再單純用魔法，也必須給點物理上的好處：人人有賞的大型封爵直播秀。最後導致國庫裡預備給加封官員的時候，必須要在插在頭頂上的貂毛用完，只能拿狗尾巴的毛續上，這就是成語「狗尾續貂」的由來。

華夏第一帝國，是滅於五胡還是自己？

在一系列瞎操作之後，趙王終於讓其他充滿野心的王爺看透了他的本質：其實也不比智商不足的司馬衷強到哪裡去。於是，歷史上有名的八王之亂❽終於來到了兵戈相向、數十萬人頭滾滾落地的新階段：齊王、成都王、河間王、長沙王帶兵直指洛陽，一場徹底毀滅華夏第一帝國的世界大戰正式引爆。

故事說到這裡，你會發現「五胡亂華」的說法其實很難站得住腳，此前雖然在帝國西陲的涼州爆發了禿髮樹機能❾的變亂、齊萬年稱帝❿的事件；首都也有頗具人望的匈奴人劉淵在醞釀自己的政治實力，在并州自立為漢王，但在這些外族還沒有足夠能量「亂華」之前，「華」早就已經自亂陣腳到快斷手斷腳了。

❽八王之亂：發生於二九一～三〇六年西晉的政治內鬥，是一場由皇族為爭奪中央政權而引發的內鬥。

❾禿髮樹機能：西晉時期的禿髮氏首領，於二七〇年（晉武帝六年）時帶領部族與晉朝作戰，最終被晉朝將領馬隆所殺。

❿二九六年時，匈奴人郝度元聯合羌胡二族起兵反晉，推齊萬年為帝，此亂前後四年才平定。

當西晉幾位最有實權的王爺開始同室操戈，洛陽城成為人間煉獄，距離繁華錦簇的三分歸晉，也才剛過去二十年。這個歷史留下充滿黑色幽默的逗號，只給這片土地一代人的時間，之後的幾百年，將會是無盡的戰火與悲劇。

華夏第一帝國可以說是這片土地上的統治者，在追尋從鬆散部落走向中央集權的一個跨越數百年的試驗。

然而在集中權力的路上，面對著來自各方力量的挑戰，以及極權者本身的能力不足，最後整個國家隨著試驗失敗的統治者幾次摔得粉身碎骨，代價就是數千萬人民生命的喪亡，戰爭、瘟疫、民族衝突與帝國的內外征戰不斷。

歷史情境對話站

1. 政治與權力、財富、名聲息息相關，透過什麼樣的制度運作能最好地選出政治領袖？獨裁時代跟民主時代各有利弊，我們希望一個好的政治領袖要有什麼特質？

2. 司馬懿人生的最終章上演了篡權奪位的血腥畫面，讓他在歷史上的評價並不算特別正面，站在現代人的角度來看，司馬懿是值得效法、隱忍的代表，還是陰狠狡猾的邪惡存在？

3. 西晉帝國因為政治鬥爭削弱了王室中央的權力，最後果然滅亡於同室操戈，但以秦帝國與西漢、曹魏晚年因為地方沒有實力強大的諸侯，中央一旦被權臣奪取權力，幾乎面對政變、起義就毫無抵抗能力，到底哪種制度會是比較好的？

延伸關鍵字　想知道更多，請搜尋——

#司馬昭　#司馬炎　#劉淵　#八王之亂　#五胡亂華

【03】

從兄弟相殘到有恥運動，唐宋朝政制度演變

「如果我們僱用一堆比我們矮小的人，那麼我們會變成一堆侏儒，但相反地若僱用一堆比我們高大的人，那麼我們終將變成一群巨人。」——華倫·巴菲特

歷史小檔案

登場人物

李世民、李隆基、龐勳

發生年代

6 世紀初～10 世紀

國際上正發生

- **西羅馬帝國**：隨著其內部混亂、氣候變遷與日耳曼民族遷徙等大環境改變，中世紀正式到來。此後雖然仍有許多政治領袖試著重新建立這個龐大體系，但始終徒勞無功。
- **東羅馬帝國**：政治軍事上東羅馬的皇帝查士丁尼一世派遣貝利撒留出征義大利，幾次打敗哥德人後，短暫恢復了古羅馬的版圖，但隨後因為帝國內部問題，遠征軍只能折返。
- **神聖羅馬帝國**：西元 800 年，則有另一場以宗教為推動主力的嘗試，舊聖伯多祿大殿裡，羅馬主教加冕查理曼為羅馬人的皇帝，希望藉此重建羅馬榮光。但隨著查理曼的離世，後代子孫為了分產，簽訂了《凡爾登條約》❶，將國土一分為三。

隋唐兩代的發展猶如秦漢，前者終結漫長的分裂，後者開啟新秩序並延續數百年，但到了第二帝國時代，更多制度上的新探索變成政權的燃眉之急。一方面馬爾薩斯陷阱❷仍然存在，人口與土地兼併問題必須找到解決之道，還有新的統治階級必須尋求不同的人才產生方式，這都讓隋唐統治者必須在黑暗中摸索。

在洛陽城繁華聲遁入空門，折損無數世人後，從斑駁的城門上再次立起了一支新旗幟——唐。

隋帝國的創始人楊堅看到篇章開頭直接跳過他，可能會氣到從棺材裡爬出來。但我沒有針對誰，這樣一個其興也勃，其亡也忽的短命王朝，對制度的探索是有限的，

❶《凡爾登條約》：於八四三年八月簽訂，由法蘭克王國皇帝的三個兒子在凡爾登簽訂，此條約將卡洛林帝國一分為三，分別為：中法蘭克王國、東法蘭克王國與西法蘭克王國。

❷馬爾薩斯陷阱：若糧食生產無法追上人口增長，就會導致饑荒或戰爭。

他的試錯空間不大、上天給的時間也不多，我們留待 Chapter 2〈制度一久就會生鏽，科舉如何成為帝國的雙面刃？〉，再來介紹這個龐然大物如何倒地。

但此處必須特別介紹一位在北朝、隋唐都影響深遠的帥哥，他就是以一人基因生出三個王朝的超級岳父大人——獨孤信。

史上最強岳父！基因怎麼可能那麼好？

獨孤信年少時就以「美容儀，善騎射」聞名，日後他選擇投效了大將宇文泰，在天下大亂之際成為一股新興勢力關隴集團的原始股東❸，獨孤信本人也成為了宇文泰所建立的西魏政權「八柱國」之一。

關隴集團本身就具有高度的鮮卑原始部落與中原周禮的融合性，往小方面講體現了這個集團統治者在制度設計上有高度創意，但往大方向上來看，也代表華夏第一帝國無論是血緣、民族性、制度、思想，都已經隨著戰火與民族融合，產生了劇烈的化學變化。

獨孤信除了政治智慧與作戰能力超群外，最被後人稱道的是，他家三個女兒居然分別成為三個帝國的最高統治者之妻。他的長女，嫁給了北周明帝宇文毓；七女嫁給了當時的隋國公楊忠的兒子——楊堅，是的，她就是後來鼎鼎有名的獨孤皇后；四女在當時算嫁得相當「樸素」，對象是隴西郡公李虎的兒子李昞，不過，他們一起生養了一個叫李淵的男孩，就是創建華夏第二帝國巔峰王朝的唐高祖。

儘管獨孤信本人最後因為政治鬥爭而成為犧牲品，被北周權臣宇文護下令自盡，但他的影響卻直接延續到整個華夏第二帝國最璀璨的階段。

李唐王朝——靠拳腳功夫打天下

唐帝國能夠成為中國中古階段最為武德豐沛的王朝，可能與建立者李淵一家獨特

❸關隴集團：指北朝的西魏、北周至隋、唐期間，籍貫為陝西關中和甘肅隴山周圍的門閥士族，漢胡混血、文武合流是其特色，占據了當時的統治階層。

的基因有關，與善於權謀、宮廷政爭的西晉不同，李唐的宗室大臣幾乎各個戰功彪炳，除了能夠在虎牢之戰[4]軍隊人數多於自己數倍的竇建德、王世充一舉擒獲外，姪子李孝恭在南征的戰績也不容忽略。

更令人難以置信的是，這個家庭連公主也都特別能打，其中就以平陽公主最具代表性。好像自古以來，封號為平陽公主的女性，就是一個神級般的存在，漢武帝朝的平陽公主就因為介紹了一名叫做衛青的騎奴，第一次讓農耕民族可以在草原之上馳騁呼嘯。

而這位李淵的三女兒、李世民的姊姊就更是做大事不假他人之手。在唐帝國創業之初，她與丈夫起兵一起加入了包圍隋朝首都長安城的軍事行動，從幾百人不到的小規模部隊，一路招降納叛，最終在渡過黃河時，居然已經成為一支擁兵七萬的龐大軍事集團。

這當然就更容易讓我們理解為什麼唐代女性參與政治的頻率、強度都這麼高。

然而與後來盛世榮景產生巨大對比的是，唐帝國的扉頁其實並不光彩，某種程度上，血腥的程度更勝過以往任何的朝代。

西元六二六年，也就是大唐武德九年六月初四，在皇城北門發生了歷史上最具標誌性的手足相殘事件，秦王李世民對他的兄弟——太子李建成與齊王李元吉舉起了屠刀，後稱玄武門之變。

當然，你可以說權力慾望使得兩兄弟最後走向了拔劍相向的悲劇，但在秦王、太子水火不容的的過程中，一直想要玩政治制衡的李淵也要負起極大的責任。其中最糟糕的一步棋，莫過於給李世民有了開府的資格。

野心勃勃的秦王李世民，率軍於玄武門發動政變，登基後稱唐太宗。

❹虎牢之戰：發生於六二一年三月至五月的虎牢地區，是唐朝統一的關鍵戰役，李世民在此戰中打敗竇建德、王世充兩大勢力，統一中國北方。

李世民背後的造浪者是誰？

李世民是唐帝國剛建立時的權力核心，他除了被封秦王，還是太尉兼尚書令，也就是名義上的國防部長兼行政院長（權力之大堪比九〇年代，權勢與總統李登輝可一較高下的郝柏村），另外還有榮譽頭銜——天策上將，並有培養自己團隊的資格。

如果翻看當時天策上將府裡的成員名單，你若是他的對手，肯定要倒抽好幾口涼氣，除了有政治高手杜如晦、房玄齡、長孫無忌，在戰場上屢立戰功的屈突通、程咬金、尉遲敬德，後來在征伐突厥戰場上戰功彪炳的張公謹，甚至連經學家孔子的子孫孔穎達、史學家溫大雅都赫然在列。

這種政治全明星陣容忽然被集合在一個屋簷下，你真的能期待他們勸李世民遠離紅塵、遁入空門？怎麼可能，這可是一個絕對不亞於漢初三傑加上臥龍、鳳雛的組合，對於戰場上戰無不勝的年輕秦王來說，這絕對是爭雄天下的資本。

而這樣優秀的團隊，成員自然也是希望能夠有更上一層樓的可能，縱使李世民主觀意願上並不打算動手奪權，也會被他精明的幕僚們繼續往前推。一如拿破崙所言：「不想當將軍的士兵，不是好士兵。」不願久居人下的主公，遇到一群野心勃勃的員工，如果不能合法地取得太子寶座，那非法的暴力政變就難以避免，無論今天在玄武門還是天安門，都勢必要血流成河。

玄武門之變後，唐帝國的二皇子、秦王李世民正式成為了唐太宗，而他的天策府功臣也為他的盛世年代——貞觀拉開了序幕。

相信人還是相信制度？唐太宗最具體的貢獻

關於過往對聖君的描寫，總是側重一些具有傳奇色彩的君臣際遇，諸如魏徵明明是李建成的屬下，但唐太宗可以不計前嫌地重用，並且寧可悶死自己的寵物老鷹，也不想因此得罪這位囉唆而耿直的大臣。

人才當然很重要，但國家之大，從來都不缺人才，而是缺乏讓人才可以上升到適合位置的管道，以及日後發揮的舞臺。假設把諸葛亮丟到西晉帝國那個腐朽又充滿奸詐算計的朝堂，你也很難保證他不會跟石崇、潘安等人齊聚金谷園，一邊學會鬥雞走狗，一邊等著跟賈后倒臺。

選用人才，是一個體制是否能夠交出令當時人民感到滿意好成績的關鍵，但一套運作有效的體制，才能夠長遠地不斷培養出優秀人才，使得國家與社會進入一個正循環的狀態。固然李世民身上有許多優秀領導人的特質：善於納言、願意摒棄門第之見，但仔細看貞觀時代一系列高品質的決策背後，最重要的是唐太宗落實了三省六部制的建設。這三省分別是尚書、中書以及門下。

三省：尚書、中書、門下

◈ 尚書

最早出現在歷史上的是尚書，這個官職地位非常低，只是在皇帝身邊處理文書的存在，看似權力很小，但因為接近權力核心，所以到漢武帝統治時，出現了一個微妙的變化。

漢武帝是個權力慾望極強的統治者，對於宰相的存在總覺得如芒刺在背，因此他就提拔了身邊具有「小祕書」色彩的尚書，在每次開朝會的時候，出來分一下宰相可以上奏天子的權力。這個職位在大權臣霍光手上更是達到權力巔峰，簡直可以一手遮天的尚書大人，甚至可以廢黜皇帝、決議新君。

到了東漢光武帝時期，又再把尚書細分為六個部門，逐漸形成日後兵（國防）、工（交通、內政）、刑（法務）、禮（教育、外交）、戶（財政）、吏（人事、考試院）六部的概念。

或許也可以將它看成類似今日的行政院。

◆中書

如果說尚書這個職位在開局的時候只是地位卑微，那中書就更是令人尷尬的存在了。中書由於跟皇帝的距離也相當近，所以大部分由接受過腐刑（閹割）的人擔任，鼎鼎大名的司馬遷，就曾經擔任過漢武帝時代的中書令。

這個職位到了漢元帝時重要性卻一飛沖天，大太監石顯、弘恭由於都掌有中書，讓朝廷的宰相蕭望之、鑿壁偷光的匡衡都必須對他們畢恭畢敬。

而中書慢慢走向制度化、不再是由宦官擔任，則是要到魏文帝曹丕以後，他開始把中書的權力往研擬詔書內容、商討國家大政的方向引導，在這個位置上就孕育了不少帝國人才。此後中書到了隋唐時代，更是有皇帝祕書兼決策參與的權力。

換成今天，則有種執政黨高層加上總統府祕書的概念。

◆門下

門下也是秦帝國時代附屬於宰相的小官，到了東漢被稱作侍中的他們，可以更多地與皇帝私下互動，關羽的兒子關興、篡位奪權的司馬懿也都曾經擔任過這個職位。到了東晉時期，更是為侍中另立了一個獨立運作的機構——門下省。

在這之後，門下的權力越來越大，北魏帝國更是出現政多由門下出的局面，翻看北魏的門下名單，會發現曾經跟皇太后發生曖昧關係的清河王大帥哥元懌、最後奠基新生帝國北周的宇文泰也都曾是侍中。或許清河王把自己的職責誤會成要服侍中宮，才會提供這麼多驚世駭俗的「服務」。

來到隋唐兩代，門下省的職務變成審查朝臣上奏的內容、對皇帝的詔書正式下達前進行最後的修正。這種得罪人的工作，其實不用想也知道在貞觀年間會是由誰擔任，沒錯，就是魏徵。

如果要用當前的一個機構來比擬門下，或許立法院是最接近的。

三省六部的運作模式

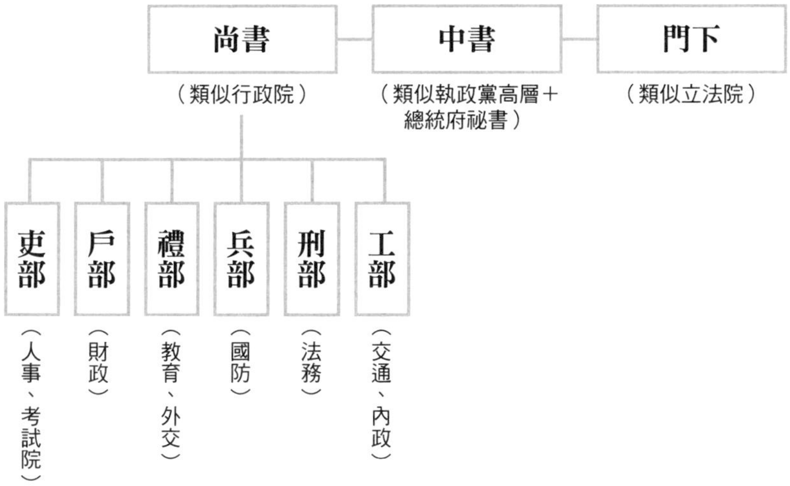

▲三省六部制讓唐朝的分工更明確，也培養出更多優秀人才。

三省六部制度，讓大唐群星璀璨

三省運作模式大抵是皇帝與中書先擬訂出國家大方針，再把這樣的想法、預算、內容送到門下省進行查核，如果提案窒礙難行，則門下省將這篇公文封印、駁回，重新擬訂，如有可行性，則下發尚書省開始執行。

這樣的做法看起來相當理想，至少政府部門跟皇帝越來越能各自獨立運作了，彷彿是董事會逐漸不會對執行長以下的管理單位隨便指手畫腳，專業不會再受到干涉，這也就孕育出大唐歷朝盡是群星璀璨的局面。

貞觀年間之外，尚有開元盛世的賢能宰相們，如：張九齡、姚崇、宋璟、張說，甚至連在帝國遇到安史之亂、藩鎮割據等打擊的唐憲宗時代，也能在朝中看見武元衡、中書令裴度、白居易、韓愈等人同朝的局面。

可以說在梁太祖朱溫這個大殺星出現、唐帝國從建立到滅亡為止，很少出現一名臣屬能夠隻手遮天的局面。透過制衡、更多的意見參與其中，完善每一個決策的制定與執行。

但反過來講，這樣分散了宰相職權，也會出現行政效率低下、互相傾軋等「政治惡鬥」的局面，甚至到中唐以後，太監也可以透過賄賂部分官員來進行對朝政的牽制，一如敵國可以透過收買對手國立委進行對內政的干涉一樣。

這些問題如果在一個價值觀混亂、社會矛盾更加激化的年代裡，就很容易把制度的優點完全消弭、而無限放大其中劣勢。

陳年bug反噬了，藩鎮割據帶來的慘痛記憶

在很多人心中，大唐帝國隨著安史之亂爆發起就已經日薄西山，彷彿這個國家從「漁陽鼙鼓動地來」的那刻，就開始了倒數計時。但實際上，大唐帝國在此後還延續了一百多年，此後還連續誕生好幾位讓人讚賞的皇帝，接連開創「元和中興」、「會昌中興」、「大中之治」等黃金年代。

但是伴隨著這個王朝在初生之際，為了修補一個一個bug所衍生的系統，逐漸卻也成為這個大組織的bug，例如：為了解決土地過於遼闊難於管理，以及獎勵平定叛亂的將領，因而產生的「藩鎮」，逐漸尾大不掉，甚至成為了割據狀態。

還有為了能夠不拘一格的選才，讓朝中有貴族背景的世族，以及出身平民的寒門都可以透過科舉當官，久而久之卻也出現兩大集團彼此的惡性競爭，由此拉開了牛李黨爭❺的序幕。到了唐朝末年，一支被派往桂林打仗的部隊，原本預計三年就能歸鄉，偏偏唐廷卻出爾反爾，讓他們在絕望的南方前線整整等了六年。當四個月役期拉回一年都足夠讓東亞某國的少年暴跳如雷，更何況是當兵三年，還要加倍？

此時身為軍隊糧料判官龐勳與他底下士兵徹底不忍了，於是在八六八年（咸通九年）舉眾北上，並且連續席捲數十個縣。最後唐廷發動二十萬大軍，聯合外族沙陀士兵，才勉強贏得不光彩的勝利。如果說安史之亂，是天下人同仇敵愾地與河北叛徒決戰，那龐勳之變就是天下哀憐、苦大仇深的種子。

這樣統治根基早已動搖的王朝，後來還遇到一位熱愛打馬球的天子唐僖宗李儇，他把權力交給了幾個利慾薰心、且早就跟太監集團混在一起的權臣，最終就是在八七五年（乾符二年）弄出了唐末最後一次變動——黃巢之亂。

黃巢之亂一方面摧毀了江南賦稅根基，一方面為了平定這場亂事，有更多目無法紀的軍閥、踐踏道德的將領逐一躍上歷史舞臺，無論是言而無信的朱溫、濫殺長官的李克用、帶軍隊吃人肉的秦宗權，都給當時社會帶來「越是反人類、越是有地位」的價值觀。

這個崩壞的價值觀，影響了後來整個華夏第二帝國在動盪期的發展，五代十國的互鬥當中，多次出現弒君、弒父以換取成功的模板，甚至誕生很多沒有守住晚節的代表。具體而言，如前半生無比英明、作戰神勇的唐莊宗李存勗，在戴上皇冠以後瞬間墮落成了不分公私、只記得唱戲的「李亞子」。

在這個黑暗年代裡，時常可以看到以下紀錄：李克用「**軍乏食，脯屍肉而食之**」、河中節度使李守貞「**既而城中糧盡，殺人為食**」。天下最重要的商業城市揚州在被圍困的時候，人們沒有食物，於是富戶抓一般老百姓「**驅縛屠割如羊豕，訖無一聲，積骸流血，滿於坊市**」。

其實看一下這些毫無道德底線的人，幾乎都有共同身分：亂世下產生的軍閥，為了勝利而真正不擇手段，為了能讓自己的軍隊保持戰鬥力，竟可以做出這麼令人髮指的行為。或許大家由此就能夠理解，為什麼到了北宋開國時，宋太祖趙匡胤要用盡一切辦法，打造一個文治社會。

---

❺牛李黨爭：發生於八〇八～八四六年，為唐末兩派士大夫爭鬥。

「無恥」年代亂哄哄，文人為什麼在宋朝這麼重要？

一個社會的崩塌，往往伴隨戰爭、瘟疫、饑荒同時發生，如果希望能重新形塑一套制度，按照華夏帝國過往的習慣，那最好就是借用古代的經典，透過一套「復古」、實際上是「革新」的方式，把制度再次打造出來。

這時候儒家的意識形態就變得重要起來了，比起唐末道家、佛家的各種亂世中的「失序思維」，儒家的規章與用仁愛作為人際紐帶的綁定，加上科舉考試的普及、戰爭需求下降之下，人民回歸田園，並將精力用在求取功名上，這都讓宋有機會在國土與人心的雙重廢墟中重新站起。

宋帝國雖然被很多人認為積弱不振，實際上它的文化影響力卻遠遠超過想像。在宋太宗、真宗兩朝，留下了無數堪稱帝國頂梁柱的偉大文人，其中被稱作「聖相」的李沆能夠在皇帝被戀愛沖昏頭的時候，硬是燒掉僭越封后的手詔，可說身為皇帝的老師、宰輔，一點情面都不給學生留；力主面對遼國大軍南下也應該抗擊到底的寇準，更是讓宋家皇帝棄冠落跑的時間延後了整整一個世紀。

唐宋八大家中，能夠有六位孕育於真宗、仁宗兩朝，也絕對不只是偶然。范仲淹、歐陽修、包拯、蘇軾、韓琦，以及後來力推變法、權力極大的王安石，都為這個文采盎然的朝代添上精采而濃墨的一筆。

但是，很遺憾的是在熙寧變法❻期間，由於惡性的黨爭再次上演，文人集團不但無法為國家繼續制定長遠且有效的政策，反而糾結於彼此私人或黨派的矛盾，最後互相傾軋的狀況下，就等來了來自北方一個少數民族的入侵——女真。

在一位在王爺任內就被評價為「無行」（品行不端正）的皇帝與他兒子，也就是宋徽宗與宋欽宗的扭捏作態下，華夏第二帝國再次出現猶如五胡南下時代，重現皇帝被擄走做奴的慘劇，史稱靖康之恥❼。

然而攤開第二帝國的歷史來看，皇帝被外敵俘虜當然不光彩，但更多的是被自己家奴用毒酒送走，如元和天子唐憲宗，或被賜名重賞的節度使殺害的皇帝唐哀帝，或

---

❻熙寧變法：從一〇六九～一〇八六年間，王安石推行的一系列變法，又稱熙豐變法、王安石變法。神宗支持並推行，旨在消除北宋建國以來積弊的一場改革。立意良善，規制弘遠，可惜施行過急，未有良好配套，後造成新舊黨爭。

❼靖康之恥：又稱靖康之禍，西元一一二五至一一二七年來自北方的女真族攻陷北宋首都，擄走欽宗、徽宗與眾多宗室成員，導致北宋滅亡的歷史事件。

者是因為看到爸爸奪權手段太過無恥，最後不忍原本有繼承權的叔父被害死，因而發瘋的趙元佐。

事實上靖康之恥最為令人不捨的，就是整座東京汴梁城從清明上河圖到繁華落盡。伴隨的又是無數百姓的流離失所，如若真有上天主宰存在，看到生靈在這片土地上的反覆受折磨，也無怪乎唐時詩人李賀曾感慨道：「**天若有情天亦老**」。

看著這片土地上的生民，又再次成為亂世芻狗，有統治權的階級，也開始思考那下一步，國家又該如何重組？

歷史情境對話站

1.很多人對宋都有積弱不振的印象，就你的觀點，什麼樣的國家算強大？是土地面積廣、經濟強盛、文化昌明，還是有其他條件？

2.唐帝國的強盛基礎是什麼？武力超凡的部隊不可能永久存續，但大唐能夠在貞觀一朝打下天可汗的地位，並且持續強大到滅亡為止，文化、政治在東亞都有很大的影響，這是為什麼？

3.三省六部的制度優點非常明顯，但同樣的缺點也會在運作不當時被放大，怎麼修正才能保障這個人治色彩濃厚的體系，可以不掉入惡性循環當中？

延伸關鍵字　想知道更多，請搜尋——

#獨孤信　#武則天　#三省六部　#開元之治　#遣唐使　#武元衡

#趙匡胤　#趙恆

【04】

國家機器流水線誕生！明清帝國的高度集權

「企業不是永遠的，當社會對這企業不再需要時，
企業就該消失。」——許文龍

歷史小檔案

登場人物

朱元璋、范孟端、三楊內閣、張居正

發生年代

14 世紀～ 17 世紀

國際上正發生

- **西方世界**：雖然在中世紀之後難以出現統一王朝，但也因此避免了兼併戰爭的劇烈衝擊，地中海沿岸的城邦在東方帝國瓦解後，得到了來自拜占庭無數的知識瑰寶，進而在商業與對知識追求的雙重影響下，迸發出璀璨的文藝復興。

蒙古人南下，對全世界都產生巨大衝擊。大批游牧民族的新形態統治者，徹底改變了農耕民族既有的生活方式，連文化認同上也發生極大轉折。雖然征服者忽必烈借用很多漢語，讓他所建立的征服王朝，像是具有繼承宋帝國的合理性，但實際上，這仍是一個徹頭徹尾的侵略者成功滅國的故事。

明帝國表面上以驅逐韃虜為口號，但實際上被奴役成慣性的國民與統治者本人，仍陷入深深的自我困境中，甚至在朱元璋的實錄當中都有紀錄：元主中國殆將百年，其初君臣樸厚，政事簡略，與民休息，時號小康。而朱元璋對大臣的折辱，錦衣衛的監看比起過往的「異族」政權，更為嚴密恐怖。

蒙古高歌猛進，華夏亡國奴們的悲慘境地

蒙古帝國初期，成吉思汗因為不習慣農耕文化，曾經有近臣建議：「**雖得漢人亦無所用，不若盡去之，使草木暢茂，以為牧地。**」意思是，雖然得到漢人卻也沒有用，不如把他們都「消失」，讓草木長出來跟草原一樣，作為牧場。慶幸這個毫無人

性的提案，被重臣耶律楚材踩了煞車，否則不知道蒙古草原華北示範區，會帶來多慘絕人寰的人類集體消失悲劇。

此後還有一場禍及大江南北的兩都之戰，主要是大都（北京）方面由權臣燕帖木兒擁立的懷王圖帖睦爾，跟哈拉和林方面由遼王擁立的小皇子阿剌吉八，於一三二八年（致和元年）為了爭奪最高統治權而戰火延燒。當全國都已經因為異族的統治飽受「異文化入侵」的過渡而痛苦時，戰事更是徹底將全國推向煉獄。

當時兵強馬壯的哈拉和林方面成功策反陝西、四川、遼東等強兵重鎮，並且從長城防線全面進攻，對北京政權形成非常有壓迫性的半月包圍網，最終北京方面靠著戰神一般的燕帖木兒數戰皆勝，才最終勉強保住北京政權。

順帶一提，這一年因為張養浩（散曲家、政治家）看見了老百姓流離失所，想到元帝國也才建立幾十年而已，居然已經如同煉獄，便感慨地說道：「**興，百姓苦；亡，百姓苦。**」

與此同時，在鳳陽縣，一戶破落人家誕生了第八個小孩，在詞彙與財富同樣貧乏的窘境裡，父母給他取了個名字，叫重八。

流水的皇權，鐵打的民變

隨著奪權結束，另一個問題接踵而來，元朝民變從開國以來便十分頻繁地發生，到了元惠宗執政期間，政治環境亦越發動盪。一三三八年（惠宗至元四年），一場更光怪陸離的范孟端事件爆發。當時由於漢人小吏想要透過科舉進入朝廷難如升天，讓許多有野心的人始終得不到晉升的階梯。一名叫做范孟端的小吏在熟悉元帝國的行政體系後，一次他找到蒙古社群裡的邊緣人——霍八失，兩人策劃了一場政變，具體內容十分簡單，大概是歷史上最沒技術含量的一場政變。

他們計劃假造朝廷聖旨，用皇家常用的金蠟封印後，接著邀請整個河南的高層官員齊聚一堂喝酒；再來最重要的環節，就是讓會道地蒙古語的霍八失宣讀詔書，最後將這群醉漢團滅。

對，就是這麼簡單粗暴，但更狗血的發展是：范孟端成功了，而且還因此成為天下兵馬大元帥一陣子。蒙古帝國的制度問題之大，還真的是在這個事件中展露無遺。

後來偌大的蒙古帝國，因為黃河決堤，引起了救災與否的兩派朝廷論戰。最終，救災派的宰相脫脫，成功地把帝國拖向了墳場：大規模救災引爆了大規模貪腐，導致數十萬在黃河救災的人，成功地把自己救成了災民。

然而朝廷高官在處理事情上的態度，大有「我這不是來了嗎」的小人嘴臉，終於在巨大的憤怒當中，一三五一年（至正十一年），紅巾軍起義風起雲湧地展開。民工挖出了一個石人，上面寫著「石人一隻眼，挑動黃河天下反」這樣簡單粗暴到跟范孟端造反一樣隨便的口號，居然就拉開了蒙古帝國結束對華夏大地統治的序幕。

最後補充一個小知識，蒙古帝國的統治者覺得門下省的存在非常礙事，認為再多一層審查機構會拖慢效率，因此一概政令就從中書省出去就好，門下從此被廢黜，只保留了樞密院管軍事、御史臺管監察。而蒙古帝國幅員遼闊，使政府決定把中書省制度推廣到全國，在各地派出「行走的中書省」（按錢穆的說法，是被外派的中書省），從此才出現各地由「州、道」變成「省」。

換位置不只換腦袋，還讓人掉腦袋的朱元璋

最終，結束蒙元亂世的是明太祖朱元璋，是的，在幾頁前曾提過，他出生在鳳陽

一個朱姓人家，小名重八。以出身來講，他絕對可以稱得上最低、最卑微的創業者，大約只有後趙帝國出身奴隸的石勒勉強可以與他比慘。

在獲得皇帝寶座前，隱忍的朱元璋採取了「高築牆、廣積糧、緩稱王」的策略，在江南一帶逐步蠶食周圍勢力，最後完成了歷史上少見的北伐成功壯舉。自古以來，中原地區都有北方政權消滅南方政權的「慣例」，無論南方出現多強大的將領、王朝，哪怕是諸葛亮這種神級存在，都很難扭轉天時與地利。

北方長期以來都有人口匯聚、戰馬較為雄壯、軍隊較為善戰的各種資源優勢，朱元璋這次的「逆襲」，的確稱得上是歷史上少有的孤例，最後他把首都定在了六朝古都、王氣略顯不足卻龍潭虎穴的金陵，史稱「南京」。

在朱元璋當上皇帝之後，早期豐富的人生經歷讓他制定了有史以來最為殘暴的統治官員政策，他知道那些在當權者面前像哈巴狗般乖巧的官員，一旦脫離自己的視線後，會變成怎樣吸食百姓人血的禽獸。於是在他任內，制定了各種從視覺到想像都足以折磨當世與現代的刑法。例如把貪汙官員「剝皮實草」，或者因為一人犯罪，連他的上級、下屬全體砍頭的連坐制度。

而最早具體體現明太祖苛政的，大概是被列入明初四大案的這起慘案。明初官員為了方便行事，趁著出差去首都，把一疊文件都先蓋好印章，避免以後為了一個小議案的蓋章審核，還要特地跑一趟南京真的太辛苦。

但這件事在朱元璋眼裡，情節可就嚴重了。萬一官員在地方，隨意調高稅收、或者亂進行法律處置，更嚴重點甚至起兵造反的話，那可不得了。於是，在他一令之下，數萬顆官員的人頭因為這起事件滾滾落地，史稱「空印案」。

多疑且心理變態的上司，一言不合就讓腦袋搬家

後來有一些更有名的大案，主要起因於朱元璋擔心功臣集團以他們的作戰能力跟號召力，隨時有機會造反，於是便將大臣們逐一剪除，這個過程可遠比劉邦除掉韓信、彭越、英布的過程來得更加血腥。光是一個藍玉案❶就可以殺了數萬人，想想當初這批原以為自己是明帝國原始股東的勛貴們，在被推上刑場的那一刻內心會有多麼悲憤不平。

在一片鎮壓功臣的血海裡，有一顆沒那麼起眼的人頭落下，幾秒鐘前，這顆首級

的擁有者叫胡惟庸。這則故事說來有點戲劇化，話說有一天，宰相府忽然冒出了醴泉，這是一種傳說中的鳥類鳳凰會喝的純水，胡惟庸開心地向皇帝報告，希望朱元璋能來一睹奇景。

朱元璋二話不說，立刻出發前往相府，打算看看這到底是個什麼水。然而，中途卻遇到一個宦官擋道，這位叫雲奇的宦官喘得上氣不接下氣的，看起來十分著急，朱元璋當下暴怒，心裡想哪來的狗東西也敢擋天子車駕，於是下令將他活活打死。

但就在這一瞬間，朱元璋忽然感覺不太對勁，立刻回到宮中，俯瞰京城的狀況，這一眼忽然讓他看到了胡惟庸的府宅內塵土飛揚，似有伏兵就在其中，這下才知道，原來是要造反啊，還好朕沒上鉤。

事實上，這個故事在明末就已經被諸多史家證明是假的，但其中折射出朱元璋殺人還要誅心的變態心理，已經將人誅殺還必須要繼續抹黑；在這波屠殺中，除了拔掉開國功臣李善長外，還有三萬人一同陪葬，以及流傳兩千年的宰相制度也徹底畫下了

❶藍玉案：此事件發生於一三九三年（洪武二十六年），朱元璋誅殺涼國公藍玉後，轉而大肆株連其他開國有功的重臣，此案與胡惟庸案並稱為胡藍黨獄，為為明初四大案之一。

句點。而且為了封死未來再有宰相出現的可能，朱元璋在明帝國的「憲法」《皇明祖訓》中明言：「**以後嗣君不許立丞相，臣下敢有奏請設立者，文武群臣即時劾奏，處以重刑。**」

問卦：你今天被祖了嗎？是始於明朝的煩惱

具體而言，明太祖希望自己能親自駕馭官僚體系這臺龐大的機器，而不是透過遠端遙控，畢竟機械零件久了也會故障，但至少還能維修或換新。若是人那就不一樣了，他會養出自己的班底、擁有自己的想法、他懂得陽奉陰違，更可能密謀造反。

綜觀幾千年的君王、宰相互動，其實有點接近現在人類使用AI，我想當君主發現韓信、諸葛亮、司馬懿、王安石這類超人大腦的時候，就像科學家研發出人工智慧一樣，那種感受一定是好用又驚喜。

但讓我來翻譯翻譯，什麼叫驚喜。

喜的是，一開始用得順手，對方透過輾壓同時代所有人的智慧與果斷，幫我的企業完成了夢想到理想的實踐過程，但驚的是，我不知道這個功臣真正想的到底是什麼。假如韓信這種類ＡＩ的存在有一天失控，擁有自我判斷能力的他，會不會反過來消滅我？當今網路上也時不時討論ＡＩ消滅人類的可能性，那唯有趁他力量還不夠的時候，拔掉電源，才會是最安全的做法。

於是，朱元璋下了毒手，徹底而毫不留情地將自己曾經用得順手的「ＡＩ」技術強制關機。他想的是，既然這家明帝國公司是我的，那就不能在我之外，存在資訊掌握量更大的人。

所以，明太祖著手建立起情報系統（廠衛制度）、搜集百官隱私，甚至大行文字獄，凡是聽到有人議論朝政、或風向對自己有所不利，甚至還得服務他的玻璃心，只要詩詞歌賦裡出現光頭、和尚之類疑似嘲諷自己出身的字句，就可以用各種藉口將這些「異端」殺害。

說來諷刺，蒙古帝國、金帝國這些異族，對於文字、思想的管理還能寬泛到睜隻眼閉隻眼，這也才留下十篇有十一篇都是抱怨文、暗諷文性質的元曲。可明帝國自稱華夏、中華正統，但真正做的卻是折辱士人，徹底打斷了每個讀書人的脊梁骨。

有個工作狂的董事長是怎樣的體驗？

如果用公司來比喻帝國，則朱老闆元璋要做的事情就是董事長兼任執行長，希望自己能夠在任何大小事務上親力親為，從《明太祖實錄》來看，他的工作平均每天要處理的事務超過百件，最極端的狀態則出自給事中張文輔的說法：「**自九月十四日至二十一日八日之間，內外諸司奏札，凡一千六百六十計、三千三百九十一事。**」在這八天的時間，朱元璋光面對的奏摺，以及要處理的大小事務就超過三千件。

在這段文字中，大家的心得會是這個皇帝真勤政，還是覺得這樣決策品質一定很堪憂呢？現代人一天如果要回十封 e-mail 都可能會需要喘一口氣，若有三千個命令請示如果等著你批准，大概你會換氣換到斷氣。

明太祖的這套做法，雖然也打造出所謂洪武之治的盛世，但多少吃到了王朝興建於廢墟之上的初期紅利，就好像玩手遊一開始會收到一堆大禮包，或者隨便打怪都升級很快。而他留下的這種工作狂都應付不完的皇帝工作量，絕對是在給子孫後代埋地雷，只要有任何一個人稍微偷懶一點，那麼這套體系要不是崩潰、再不然就是演變成另一種畸形的病態。

悲報！國家機器流水線的誕生

為了應對複雜的審核流程，到了朱元璋之後的皇帝們，還是試著在不違背憲法的狀態下，讓渡出一些權力來跟別人分享。舉例而言，他們提拔翰林學士能夠進入到內閣（類似皇帝的辦公室），讓這些飽讀詩書的知識分子，扮演起小祕書的角色，幫助皇帝做決策，其中資歷最老、或者最受垂青的則被稱之為「首輔」。

但是批改奏疏、蓋章也都是體力勞動，找兩個太監來分擔工作，也是很合理的，於是誕生了「秉筆」、「掌印」兩個宦官集團中最位高權重的角色。

於是一個首輔跟內閣協助決策過程、太監幫忙蓋章核發、尚書只需要執行沒有資格指手畫腳的超完美體系也就此打造完成，從此之後，華夏帝國走向了最專制、同時也最黑暗的年代。

有人可能會疑問明帝國被譽為「治隆唐宋、遠邁漢唐」的黃金歲月，為何在我筆下變得這麼不堪。首先大家得思考，給予這個高評價的人是誰？他的目的、用意還有時代背景。首先這段話的前四字，是康熙南巡到明孝陵時親筆手書，後來刻印的。

身為一個滅亡明帝國的新統治者，康熙越是把明帝國捧得神乎其神，則越是能證明自己的國家是前所未有的強大。就好像每次勝選的人都要說一句：「首先，我要感謝我的對手（這麼弱），我們一起度過一場美好的選戰（讓我打得這麼順），你們的政見由我來實現（唉，還是我來吧）！」大約就是這種感覺。

內閣制才是大明朝真正的生命中樞

但一代王朝能夠存續三百年，畢竟不可能也淨只有負面政策。而且說來有趣，皇帝強、內閣班底強，打造出來的盛世理所當然，好的王朝千篇一律，但亂七八糟卻潰而不崩的王朝卻萬裡挑一。

明帝國到了中期，遇到一系列稱不上昏君、卻絕對配得上怪君之稱的統治者。具體而言有被抓去蒙古當過俘虜的英宗、一對各自奇葩的堂兄弟武宗與世宗，以及一個懶得上班三十年的神宗，以他們在位時間來看，幾乎就占了明帝國一半的生命期，結果這個國家居然還能存在。

不得不說內閣制有著關鍵作用。早在明仁宗時（明帝國第三代接班人、第四位皇帝），他就發現能妥善任用文臣，還是比起他爸那套誰都不信只信自己來得更好，至少自己工作時間可縮短，什麼專業分工、比較利益那些大道理就都可先擺一邊。

更天助我也的是，這時候朝廷正好出現三顆閃閃發光的明星，他們分別是楊榮、楊溥跟楊士奇，由此拉開明帝國歷史上最長任期的內閣，好當一直當的他們，至此之後就被鎖在皇帝辦公室整整二十年，史稱三楊輔政。

於是，還算有效的行政流程具體在這個階段形成了：首先皇帝由於資質參差不齊，比起經過完整教育體系訓練出來的內閣大學士們還是遜色很多，所以大臣如果有什麼建議，先經由內閣閱覽，然後大學士幫皇帝做決策、並草擬詔書，如果皇帝看了覺得沒什麼問題，就會經由秉筆太監批紅、掌印太監蓋章，最後下發詔令。

這一整套流程講起來行雲流水，就算皇帝過於年幼無知，或者完全不打算去上班，基本上國家還是可以運作。如果這個首輔大臣還夠會做人，一旦跟宦官集團達成某種默契，球員兼裁判的戲碼就可以不斷上演。

這就是為什麼在萬曆年間，力行變法的張居正會被認為權力比過往任何一位宰相都來得大，因為他本身是皇帝的老師，太監馮保也是他親密的政治盟友，一個完全壟斷決策層的權力怪物由此誕生。可以說雖無宰相之名，實有宰相之權。

保安，可以讓明朝這樣亡了又亡、亡了又亡嗎？

明帝國就在這樣強大到無比脆弱的體制裡，慢慢地摸索到了第三個世紀，最終崩潰在崇禎皇帝當政時。崇禎除了是個心思過度細膩、自戀傾向明顯的君王外，看起來比過往任何一個明帝國統治者都還要不具備亡國氣質。

他並不奢華，也很願意勤勞工作，對於女色也沒有太大興趣，怎麼看都比煉丹吃藥著迷的嘉靖、幾度下江南只為美人的正德強，當然更比他信任太監魏忠賢、一心一意做木匠的哥哥好。

但最後，明帝國在一六四四年由西北農民軍領袖李自成帶領的部隊包圍了首都，絕望之中，這位帝王選擇上吊自盡，結束了朱家數百年的統治。或許是缺乏紅顏禍水、貪婪的昏君、酒池肉林的生活，不符合傳統對一個昏君的審美，因此拉開了史學界常有的爭執，明帝國到底是被誰搞沒命的？

民國初年的史學家孟森就曾說過：「明實亡於萬曆。」後來史學家黃仁宇的大作《萬曆十五年》更是加深了大眾對這句話的印象，甚至網路上逐漸衍生出：「明始亡於嘉靖、實亡於萬曆，終亡於崇禎」的看法，好啊，居然可以一口氣死三次。

先說，我認為歷史大勢不是一個皇帝可以決定滅亡與否的，當然可以說所有的結果都是歷史共業，把滅亡的責任推給任何一個人都不公平。但是，具體事務還是要有人具體負責，否則很難讀出歷史提供的經驗可貴所在。

在時間走向十六世紀晚期，全球都開始巨幅變革時，明帝國籠罩在極為華美的晚霞裡無法自拔。

萬曆時代三次重要作戰，無論戰場是在遙遠的寧夏，還是在窮鄉僻壤的播州山地，甚至是在朝鮮客場迎擊剛統一日本國野心勃勃的豐臣秀吉遠征部隊，明帝國都取得極為輝煌的戰果❷；然而也是這三場大戰，將張居正改革以來的成果徹底消耗殆盡，而帝國中樞又在黨爭與太監集團過度膨脹中走向癱瘓的危險。夕陽無限好，只是近黃昏，可以說國家滅亡的幾個遠因，的確都在此時牢牢種下。

---

❷ 又被稱為「萬曆三大征」，在一五九二至一六〇〇年間，分別是在寧夏平定蒙古人哱拜叛亂的寧夏之役；支援朝鮮抵抗日本入侵的朝鮮之役；還有平定楊應龍叛亂的播州之役。

堪比核爆的災難事件——王恭廠爆炸案

到了天啟時代，還發生了一場堪比飛碟入侵的「王恭廠爆炸案」，要說這片土地遇到史有記載外星文明拜訪事件，可能要回溯到宋真宗時代，當時洛陽、開封一代都有人在夜間目睹帽妖漂浮在空中吃人的驚悚畫面，而這則故事還被記載在官修史書《宋史》以及極有參考價值的《續資治通鑑》裡。但王恭廠的詭異與破壞程度，卻遠遠超過帽妖案。

北京城的西南方當時有一座收藏火藥的倉庫，一六二六年端午節次日早上，先是天空突然暗下來，一時間宛若黑夜，不知道為何，忽然火藥庫就爆炸了。而邪門的是，這場意外所帶來的災情遠遠超過想像。按理說，那個年代的火藥當然也有殺傷性，幾條街道焚毀、數百人喪命都還在合理範圍，雖然讓人悲傷，但也沒辦法。

可這場爆炸後所導致的結果，卻是震撼級的災難，根據《天變邸抄》的記載，北京有長三四里、周遭十三里的空間，屋數萬間、人兩萬餘瞬間化為齏粉。更奇怪的是，爆炸之後「**所傷男婦俱赤體，寸絲不掛，不知何故，**」且「**死者皆裸。**」

這件事往下發展則更加詭異，京城這場爆炸居然遠到天津、宣化（今河北地區）、大同（今山西省北部）通通都有感受到，正在維修的紫禁城工人們因為逃生不及，因公殉職的超過兩千人，且下墮者俱成肉袋。時隔四個世紀看到這段紀錄都覺得紙張透著令人心驚的血腥氣息，當時天啟皇帝還在襁褓中的孩子當場活活嚇死。

這場古今未有的災變，迅速讓國家從迴光返照的晚霞裡驚覺，再不做點什麼，整個天下就要「天黑請閉眼」了。於是皇帝下了幾道「罪己詔」，也開始思考帝國是不是該進行

課本沒提的王恭廠爆炸案，總共炸飛兩萬人，不僅死者全身皆裸，空中甚至下起屍塊雨。至今仍無法確定事發原因是火藥焚爆、隕石或地震導致。

調整。然而，前有薩爾滸戰役在東北地界喪失十萬精銳、後有帝國朝堂持續惡性鬥爭，黃土高原上的饑荒又不合時宜地爆發，這逼得無法開源的帝國只好節流，於是免除了許多基層公務員的工作。

這其中有一個被開除的小小公務員，名字就叫李自成。他失業所帶來的影響，絕對不是當時純粹為了節省公司開銷而下詔的天啟皇帝能想像的。

一個國家、政黨、公司甚至是家族，從他出現的那一刻起，就勢必有結束的時候，再怎麼追求永續發展，也勢必會有許多漫長、艱難的陣痛期，轉不過去那就只能走入歷史洪流。也因為雪崩的時候，沒有一片雪花是無辜的，所以追責起來會覺得好像誰都要負點責任。

歷史情境對話站

1. 元代能不能算是所謂華夏帝國的一部分？它源自蒙古高原，文化習俗都與中原大相徑庭，是該將它稱之為元朝、認定為中國史的一部分，還是將其視為蒙古滅亡中國的階段會更合適？

2. 明帝國被認為得國最正，是因為它不透過陰謀詭計、篡位奪權，而且有著驅逐韃虜的大義旗號，但戰爭的死傷、以及建國後的一系列舉措，以現代眼光來看，這樣的國度真的能算建立於正義之中嗎？

3. 明清兩代都有內閣制度的存在，就以整個帝國全力發展的角度，漢、唐宋與明清哪一個階段的制度是最為完善的？

延伸關鍵字 想知道更多，請搜尋——

#張居正 #嚴嵩 #徐階 #《萬曆十五年》 #明初四大案

【05】

敗壞明清國運的兩隻雞：妖雞與帝雉[1]

「夫婦年饑同餓死，不如妾向菜人市。」
——屈大均〈菜人哀〉

歷史小檔案

登場人物

孔有德、康熙、孫元化、孫文成、曹寅

發生年代

17 世紀

國際上正發生

- **神聖羅馬帝國**：隨著宗教改革而興起的大混亂時代，到了 17 世紀後變本加厲地演變為三十年戰爭[2]，戰事不但席捲整個歐洲，並徹底打垮神聖羅馬帝國主導基督教世界諸多決策的格局。
- **荷蘭**：當時的小國荷蘭逐漸發展為強邦，並在大航海末期成為了鼎鼎有名的海上馬車夫，1624 年開啟了在臺灣的統治，20 年後，大明帝國轟然倒塌。

滿清帝國的劣幣驅逐良幣，並非找到一套更好的制度可以統治這片土地，而是仰仗暴力與更專制的方式，加深了華夏大地的痛苦，直到馬加爾尼使團來訪時，雖然表面上仍是乾隆盛世，但舉目所及，盡是滿地的瘡痍。

在康熙皇帝第一次廢黜太子胤礽的時候，滿清統治忽然出現了嚴重的法理性危機，這個透過屠殺所建立的少數民族王朝，恐懼的是江南力量的反撲、天下臣民的不服。早在康熙年輕的時候，一場橫跨數個省分、並且差點劃江而治的吳三桂起兵❸，讓他在往後執政的路上都耿耿於懷。

❶帝雉：帝制的諧音。

❷三十年戰爭：發生於一六一八至一六四八年，由神聖羅馬帝國的內戰演變為全歐洲的戰爭。以波希米亞人反抗發生哈布斯堡家族的統治為始，最終哈布斯堡家族戰敗，並簽訂《西發里亞條約》，除了給予邦國更多自治權，也讓法國躍升為歐洲強權。

❸吳三桂起兵：又稱三藩之亂，從一六七三至一六八一年，以吳三桂為首的平西、靖南、平南三藩，結合海內外反清勢力起兵的戰爭。

能不能更大幅度地把權力集中、是否能夠把一切陰謀掐滅在規劃之時？還有什麼方法可以將君權神聖化？這成為康熙盛世的表象之下，皇帝本人一直都有的心病。

這個帝國命數實在不濟：一隻雞亡了大明國

如果說明帝國是帶著民族復仇的色彩，在被蒙古錯誤統治近一個世紀後的奮起反撲，清帝國的建立則是在騙術與劣幣驅逐良幣的惡性「政黨輪替」的結果。明帝國會滅亡，在上一篇已經聊了不少，當然還有一隻「亡國妖雞」的功勞。

話說明帝國晚期曾有一派深受西方科學、技術與信仰影響的官員，在朝中有著不可忽視的力量，最具代表的就是徐光啟，以及他的學生孫元化，他們能夠調動的士兵，多半也都配有火槍與大炮——這些來自佛郎機人以及耶穌會的外掛武器。

一六三一年（崇禎四年），皇太極帶兵進攻錦州的大凌河（鄂木倫河），孫元化調動了一批曾經待過北地的軍隊，從山東前往遼東支援。然而山東人與這支異地而來的客軍卻摩擦不斷，於是路過吳橋時，當地官員索性連市場都不開放，打算讓這支客軍多餓上幾天。而當時因為飢餓兩眼早已無神的士兵，決定偷取當地大戶的雞，以此引爆了一場譁變。

當時這批北地部隊的首領為曾當過遼東海盜的孔有德，另一位副手叫做耿仲明，眼看著聽命調度到北地去防禦也可能有去無回，現在還不能飽餐一頓，於是這批軍隊便起兵「造反」，殺向山東半島其他地方，並且俘虜了他們本來有交情的上司孫元化。

孔有德此時良知尚存，並沒有為難孫元化，選擇放他一

孔有德攜帶西方先進武器叛明轉投皇太極陣營，並積極鎮壓各地的抗清鬥爭。

條生路，但朝廷其他守舊、並早早對基督教勢力不滿的人，把所有最惡意的情緒通通集火在孫元化身上，將他關入詔獄（又稱天牢，古代皇家監獄），多次進行暴力對待後才送上了斷頭臺。

孔有德等人知道孫元化的下場後，也知道朝廷這時候提出任何投降條件都可能是假的，於是孔耿二人果斷決定去到東北投降皇太極，並且帶來西方最新的黑科技——令人目不暇給的火炮武器，是為吳橋兵變。而清帝國得到了大力丸加持後，在此後進攻南方的過程，物理上掃清了不少的障礙。

明帝國雖然腐敗，卻不代表勝利者清帝國就比較高尚。在多爾袞這位皇父攝政王帶著小順治進入山海關後，多次透過薙髮令、江南大屠殺震懾總人口數遠多於自己的漢人居住地，無奈明帝國的幾次反抗，都夭折於自身的不和與算計。

縱使有兩蹶名王[4]導致天下震動的名將李定國、力挽狂瀾於天傾的堵胤錫，甚至是大同總兵姜瓖、江西總兵金聲桓、大將李成棟接連反清，還是擋不住內鬥內行的明帝國生態，最後如輕薄桃花逐水流，明亡清興，這使得一代知識分子在殘山剩水之間不斷重新反思：到底為什麼我們的國家就這麼沒了？

顧炎武的《日知錄》就是在回顧與反省這整個過程，並最終得出亡國與亡天下的差別，若是國家的存亡與否，只與官員、帝王、將軍有關，只是「肉食者謀之」；但若是道德與意識形態全面崩壞的天下興亡，則是「匹夫有責」這樣的歷史觀察。

你沒看錯，清帝國的專制還可以更病態

按理說，清帝國從初生之際，就用收看現場直播一樣的角度，觀察明帝國怎麼因為專制之惡而滅亡，然而從苦寒的白山黑水，入主了肥沃豐腴的山海關內後，他們立刻換了位置、換了腦袋。

明帝國把宰相權力交給大學士，形成當時最嚴密的專制體系後，清帝國更是將它往上再發展為一個不常設，但權力更大、更緊密向皇帝靠攏的機構——軍機處。

從名字就可以發現，這是個表面上為了因應戰爭而生的單位，秉持著軍機不可洩漏的原則，裡頭所做的任何決策，都難以透過正常管道公開透明。至於這些決策到底

---

❹ 兩蹶名王：指李定國在西南地區進行抗清鬥爭中先後大敗兩名清朝王爺，定南王孔有德、與敬謹親王尼堪。

是不是涉及軍機，那就憑藉皇帝個人意志認定。

而配合這項制度，真正能夠讓上下資訊徹底不對等，而且皇帝可以肆無忌憚地把黑手伸向百官進行監聽、監控的方式，則是康熙皇帝發明的密摺制度。

這套制度的核心概念就只有一個：百官可以不遵循任何行政流程，透過密摺直接把想講的話跟皇帝報告。明面上康熙皇帝是說：「這樣你我君臣就沒有祕密了！」實際上就是在鼓勵大臣們互相猜忌甚至批鬥，變相分裂官僚集團，同時也能夠在有必要時，丟出大量黑資料，讓現在皇帝看不順眼的官員滾蛋、或者腦袋搬家。

軍機處首要KPI：三十則貼文談笑間，自由灰飛煙滅

滿清統治期間，曾有一位杭州織造叫做孫文成，他時常寫一些上奏康熙的文章通篇都是廢文，舉例而言，他在康熙六十年時奏報：「臺灣朱一貴聚眾起兵！」然後康熙看完非常火大，回的字句滿滿是怒氣：「爾此無頭無尾之言實在不懂。」原因是此時朱一貴已經兵敗，人都快押送北京了，文成，你是用IE嗎？

而此前他還在給康熙請安的奏摺上寫過：「普陀山法雨寺住持圓寂、一位叫仇兆鰲的文人過世。」皇帝看完簡直氣炸，立刻回覆：「知道了，你在一個請安摺裡給我同時挾帶這兩項觸霉頭的消息，無禮而且不敬。」

到了雍正年間，這位孫文成直接廢文發得跟川普推特一樣頻繁，動不動就寫信跟雍正說：「皇上好嗎？」而且原封不動、複製貼上，直接狂發。這讓孫先生在時隔數世紀後被封為滿清第一廢文王。

可這就有點奇怪，如果說織造是皇帝安排在江南負責採購、經營絲綢生意的皇商，為什麼需要上報關於朱一貴的事情？等到看完史景遷所寫的《曹寅與康熙》，我們會更加知道這些織造實際上在江南的任務，其實比想像的還要更複雜許多，他們實際在做的就是情報工作。

曹寅的工作態度就比起孫文成來得更加謹慎，甚至在每件要上呈給皇帝的密摺上，連當地文人今天說了什麼、寫了什麼詩都一五一十地記錄下來，原封不動送上北京。這也就讓康熙為什麼在日後六下江南有四次都住進曹家，一方面可以直接把這裡當成他的江南戰情室，一方面也表現出他對曹寅的肯定。

然而，皇商在地方多少還是要為了皇帝排場、搜集情報的開銷買單，最終這個家族在被政治清算的時候，出現了數十萬兩白銀的虧空。家族自此衰敗，這也就讓族中第三代，曾經見過繁華、也看到帝王無情的曹雪芹在諸多體悟之下，能夠有創作、或者成為《紅樓夢》此書作者之一的靈感來源。

至此，所有曾經在這片土地上試圖制衡皇帝權力的努力，宣告徹底破產。自西漢董仲舒希望用天人三策讓皇帝有所顧忌，再到唐帝國完善的三省六部以分權來管理，再到宋帝國時文官集團努力地約束帝王，最終在號稱「得國最正」的明帝國時，徹底丟失了文人的性命與尊嚴，大清便在這樣的獨裁毒土中，生出了表面更具效率，卻徹底抹殺其他聲音的專制制度來。

既然內部系統的糾錯制度已然喪失，那國家要能得到矯正的機會，就只剩下徹底革命一途。這也是為什麼辛亥革命後，帝制難以向君主立憲進行改造的終極原因。

在這片土地上用千萬黎民供養出來的皇室，幾乎可以說是將萬千黎民視作奴隸，而孟子所言：「**君之視臣如土芥，則臣視君如寇讎。**」這樣作用力反作用力的定理下，注定「名義上」的君權無法再次重生，「反帝」成為好不容易解脫出來的百姓心中最大公約數。

然而帝制的遺毒卻仍在這片土地上流淌，無數浩劫仍在前方隨時可能到來。

歷史情境對話站

1. 康雍乾盛世令人琅琅上口，但無論是從滿清官員尹壯圖的觀察上奏，還是馬加爾尼的日記來看，清帝國此時都已經外強中乾，誰該負起導致這個狀況的責任？

2. 皇權在極端到軍機處出現時，應該是最集中的，可以將它看作相權君權鬥爭到最後，君權徹底勝出。但這真的能作為君主制勝利的標誌嗎？

延伸關鍵字　想知道更多，請搜尋——

#馬加爾尼使團　#耶穌會　#和珅　#叫魂案　#尹壯圖　#張廷玉

#納蘭明珠

Chapter 2

古代狼人殺現場，誰能幫我治理國家？

國家機器開始運轉後，帝王當即面臨新難題：要任人唯親或布衣卿相？直至科舉制度漸成形，掌權者終於脫離了「天黑請閉眼，賢才請睜眼」的困境……嗎？

馬
卒
卒

【06】

用人唯親很安全？且慢，周幽王有話要說

「任天者定，任人者爭，定之以天，爭乃不生。」
——王國維《殷周制度論》

歷史小檔案

登場人物

周幽王、周武王、武乙、春秋諸侯、晉國六卿❶

發生年代

西元前 10 世紀～前 221 年

國際上正發生

- **波斯帝國**：古代世界第一個能統治歐亞非的大帝國，隨著居魯士二世的勝利而逐步建立，並在大流士一世一代完成此項壯舉。
- **猶太民族**：創造一神教的猶太民族，也在此時產生屬於他們的經典——《舊約聖經》。在希臘半島、印度都出現了影響後世千年的哲人，因而被史家稱之為「軸心時代」。

封建體制雖然聽起來很落後，但同時這也是統治大量人口，不得不採取的一種作為。透過這種以血緣親疏，來分配權力的做法，有效地讓國家得到較為穩定的發展階段。周朝能夠維持名義上數百年的統治，大抵就是這套策略發揮的奇效。

關於商王朝的各種猜測，可以說是打開上古史、在華夏未進入帝國階段最精采的一頁，這個王朝的經濟之繁榮、屠殺人牲之殘酷、女性地位之崇高，對我們來講都有點魔幻現實的味道。

此時由商人所做出來極為精美的青銅器，比起後世顯得技術更加進步。如以器物、技術的角度來看，周戰勝商大有落後文明消滅先進文明，類似斯巴達戰勝雅典、秦一統六國的味道。

❶晉國六卿：為晉國的政治軍事制度，至晉平公後，六卿特指趙氏、韓氏、魏氏、智氏、范氏、中行氏。

商國在創建之初，與傳說中的夏部落並存，雙方實力在此消彼長的狀況下，由商逐漸取得了主導地位。然而王朝建立之後，卻展開了極為頻繁的「遷都」之舉，有可能是因為黃河氾濫、改道，瘟疫疾病的蔓延，也有可能是王室內部的爭鬥導致，但也因此出現商人可能是北方游牧民族的猜想。

一直到了盤庚遷都到河南之後，國家才從此開啟了長達兩百多年、也是整個王朝最為繁榮的晚商時代，而也是因為首都能夠固定在一地，使得文化遺產才得以較好地保存。武丁稱王的年代，東方正式走入信史階段，也讓我們得以一窺這個古老而神祕的國度究竟具體發生了什麼。

不信鬼神但信小人，為掙脫束縛不擇手段的商王們

這個具有濃厚人鬼、天神、地祇信仰的文明，留下的一些文化遺產，直到今天都被延續，一如后土與土地神明的祭祀。而讓歷史學者得以一窺王朝面貌的，也是當時用來占卜所留下的甲骨文。

這些卜辭表面上與宗教息息相關，實則展現人類古老的大規模合作社群裡，政治與宗教都是密不可分的統治工具，誰能夠掌握對天神的詮釋權，從此就有統治黎民百姓的合法性。但是，負責祭祀的巫師如果與王權之間產生衝突，握有世俗武力的王仍然會與「教宗」產生鬥爭，這與中世紀如出一轍。

具體就有商王武乙表現射殺天神的政治秀，他將木偶神像綁上血袋，以弓箭射之還鞭笞，似乎在向臣民百姓強調「不要再迷信了、聽我的話吧」，然而這種得罪某群既得利益階級的行為，也會引來巨大的反撲。

根據《史記》，司馬遷曾記述如下：「**武乙獵於河渭之間，暴雷，武乙震死。**」意思是武乙去打獵，結果被雷劈死，只能說自古以來暴雷都沒有好下場，請大家戒之慎之。當然，我更加傾向武乙可能在這裡染疾、暴病，但在巫師力量仍然強大的商，褻瀆神明的王者也難免要被這群虔誠信徒消費，故而出現這樣的紀錄。

至於商王朝的中央力量為了維持統治秩序，許多上位者都希望自己不要被貴族、宗教綁定，於是多次出現拔擢低階級官員的故事。孟子曾在他的文章裡提及：「**傅說舉於版築之間，膠鬲舉於魚鹽之中**」，開國時商湯的重要宰輔伊尹也是奴隸出身，這說明商王為了更有效地集中權力，一直有重用「小人」的傳統。如果能理解這層，或許會更有助於理解在商紂王一朝，為什麼飛廉（蜚廉）、惡來、費仲這些人有機會得到重用，而王叔比干、微子啟等人會被排擠。

簡而言之，商紂王時代，外部環境已經不如過往一般這麼能被大邑商震懾，內部又因為得罪宗教與舊貴族勢力，讓他的國家危機四伏。

在周王朝，血緣是唯一的財富密碼

大抵新王朝的建立基礎，都是基於避免重蹈前一個執政者的「錯誤」上，但為了避開舊解法，結果卻大異其趣。例如殷商到晚期減少人殉，這點周王國仍繼續沿用，雖殉葬制度沒有立即消失，甚至到春秋時期都還有秦穆公讓子車氏三良陪葬的悲劇，但周出土的遺跡，已遠遠沒有商中期那種大規模。至於王者若要立威，透過繁瑣複雜的禮儀制度來增加厚重感，就可避免一舉消滅國家勞動力這樣竭澤而漁的作為。

另一方面，商王因為疏遠自己親戚、重用「沒有血緣關係」的小臣來擴權，這一點導致整個國家在滅亡前已經分崩離析，這樣的歷史教訓，周王絕對沒有忘記。於是從周武王開始，他把新征服的土地「封」給自己的兄弟子姪，並由他們進行「建」設，由此逐步把周人的統治範圍從渭河平原，一直往黃河下游延伸。

武王過世後，由於攝政大臣周公的強勢，讓其他諸侯感到不滿，於是管叔、霍叔、蔡叔三位周公的兄弟與商王後裔武庚聯手，掀起了王朝建立後最大的危機——西元前一〇四二年的三監之亂。當然這裡還涉及一個千古謎題，究竟周公到底有沒有代替他姪子，輔佐成王輔佐到人家王座上去？

司馬遷的《史記》也留下兩條互相矛盾的記載，但這也可以說明到漢代為止，並沒有一錘定音的史料可以證明周公的權力到底有多大。

要想獲得權力，則必須要有足夠實力與之相配，周公充分驗證了這項鐵律。他親自帶兵，從渭河平原開向中原伊洛地區，經過三年努力，徹底打服了諸侯的軍隊，並加封更多功臣與後代直到東海之濱。自此，據有山東半島的齊國、魯國，遠在北地的燕國，近在王畿的衛國，皆加強了分封諸侯與王室之間的聯繫，並將權力最後歸還給以嫡長子身分繼承的成王，平息天下人的悠悠眾口。這就是白居易詩句所言：「**周公恐懼流言日，王莽謙恭未篡時，向使當時身便死，一生真偽復誰知。**」

周公或許基於平衡朝政的考量，也避免新王朝甫一建立，就像商王朝九世亂政時期一樣，因為兄終弟及導致一連串的爭權，國家因而衰亡，最後給後世定下了嫡子繼承的體系，並由此拉開周王朝數百年的統治。

這種以遠近親疏關係，確立彼此責任義務的體系，簡單卻深刻，也方便王室執行。唯一會讓這套系統失靈的，只有可能是時間——隨著諸侯與君主之間不再具有濃厚的血緣關係，或者中央對地方的爭執判決不公，都有可能讓中央的權威逐漸減少。

之所以說「用人唯親很安全」，原因在於彼此利益綁定在一起，就好像正常狀況下父母與小孩不會有太多利益衝突，唯一會希望對方比自己更好的關係，就是師長與學生、父親對兒子，這是因為彼此互相綁定，這才有了孔子所講的「**父為子隱，子為父隱**」。但後來到戰國後，高度集權的中央不能再容許這種傷害國家權益的狀況，因此才衍生出「株連」、「連坐」、「滅族」的概念。

東周王國崩壞三部曲：GG！太大意惹②

瓦解周王朝統治合法性的，就來自於對擾亂禮法的諸侯，國王也徹底沒有了制裁能力。這一切發生可以從周宣王到了晚年，在對外征戰過程裡損兵折將開始追溯起。

他的兒子周幽王上臺後，則是希望透過褒姒與其他民族的力量來制衡皇后姜氏的影響，結果玩平衡失敗，反而是讓自己落得千古罵名，被捏造出為博褒姒一笑的「烽火戲諸侯」典故嘲諷至今。但實際上以烽火號召周邊諸侯的技術，在周王朝根本還不成熟，更多的可能性是幽王不希望身上流淌姜家血緣的太子宜臼繼位，最後引爆一場父子相殘。

而後姬宜臼聯合外族犬戎最後成功「弒父奪權」，史稱周平王。但因為這種違逆人倫的舉動實在太過駭人聽聞，加上原本的首都圈隨著外族的入侵，已經殘破不堪，姬宜臼只好選擇東遷到兩百多年前，他的先祖周公所營建的東都雒邑。如此一來周王朝威信掃地，創造規則的人自己不守規則，天下大亂的信號彈已經點燃。

其次，是周王輕率對諸侯用兵，在鄭莊公——即與親弟弟在鄢地決戰，因而被列入《春秋》第一句的姬寤生——帶兵來收割周國王田裡的麥子時，周桓王草率地帶兵

❷GG！太大意惹：出自魯蛋實況精華影片《沉默的小鎮2》，大中天的臺詞。

組成諸侯聯軍與之對決，結果跌破眼鏡的是：鄭莊公居然在戰役中占盡上風，大將還一箭射中了周王的肩膀，自此不遵禮法、又無實力的周王徹底被諸侯鄙夷。

最後東周走向徹底崩壞的原因，則是與周王室血緣關係濃厚、春秋真正意義上的秩序領導國——晉有關，晉國公爵被他底下的三家：韓、趙、魏大夫徹底瓜分後，周威烈王居然還答應了冊封這三個叛逆之徒為天下諸侯？

雖然「下剋上」本來就是擾亂周禮秩序的常態做法，各國卿大夫奪權已成日常，大家都還可以睜一隻眼、閉一隻眼。但現在可是與周王室相輔相成超過三百年的晉國被篡奪啊，周王無法保護自己的兄弟晉公就算了，居然還承認了這三個叛逆大夫的地位，至此周王室徹底地顏面掃地，史稱三家分晉，而後戰國時代來臨。

這也就是為什麼司馬光的《資治通鑑》會以這個時刻作為開端，因為從此之後的政治，正式進入禮崩樂壞階段。

政治不外乎人性，在錢權交換的過程裡，如果分配不符合實力、現實，那久而久之威信掃地就是必然的事。而秩序的制定者如若為了在短期內獲得超額獲益，進而打破過往彼此所有的默契，則天下傾頹就在不遠之處了。

歷史情境對話站

1. 以公司的角度來講，小企業早期很容易用自己人擔任會計，這跟周王朝任人唯親有相似之處，這樣的管理有什麼弊病與優勢？
2. 周王的崩壞三部曲中，有沒有哪一瞬間是可以改變決策以開啟別條路線，避免滾雪球效應繼續向下延展的？

延伸關鍵字 想知道更多，請搜尋——

#周幽王 #周宣王 #周穆王 #周公 #春秋五霸 #三家分晉

【07】

從選賢到作秀，誰該為察舉制度的崩壞負責？

「想要發掘人才、培育人才，你得先記住一句話，成見和先入為主的觀念都是罪惡。」——野村克也

歷史小檔案

登場人物

漢武帝、公孫弘、轅固生、漢桓帝

發生年代

西元前 2 世紀～ 2 世紀

國際上正發生

- **地中海地區**：馬其頓跟已然將成為地中海霸主的羅馬爆發多次戰爭，然而迦太基的滅亡在即，羅馬帝國的崛起已經成為擋不下來的趨勢。
- **印度**：盛極一時的孔雀王朝在此時被巽伽王朝取代，這個新生國度意圖復興婆羅門教，並與希臘人建立的塞琉古王朝交惡；上座部佛教雖在印度本土屢遭打擊，但也在此時傳入斯里蘭卡。

察舉制度，建構在「高手在民間」的思維之上，相信透過良善的審查以及選舉方式，一定能夠讓優秀人才進到朝廷中央，進而使得國家發展得到正向的影響。但是不出意外的話，馬上就要出意外了，上天對漢帝國已經是格外垂青，至少這套體系還是在運作了百年之後，才讓弊端嚴重到反效果遠大於正面效應。

戰國時代，社會上的階級流動特別頻繁，或許是因為大家認清了，就算是親戚公族一樣可以為了爭權奪利殺到刀刀見骨，不如任用一些背景沒那麼強、後臺沒那麼硬，但特別有想法的人才。如此一來，可以帶給國家從沒想過的發展可能性，突破決策同溫層。

這就有了像吳起這樣可以帶領魏國發展軍事改革；到楚國力行變法的強者崛起，衛鞅（商鞅）能以落魄貴族之姿登上秦國朝堂成為左庶長、大良造，形成當時「布衣可致卿相」的局面。便形成了由地方薦舉人才至中央任官的「察舉制度」，注重的是名聲與德望。

華夏第一帝國建立以後，漢高祖劉邦也很希望能建立一套這樣的取才管道，但一開始不得要領，只是發布「求賢令」，籠統地宣布自己需要民間人才，一直到他兒子漢文帝劉恆時政策才稍微具體一點，把求才需要定位在「能夠直言極諫且賢良」的人——這一招似乎可以直接過濾掉八卦板上的偏激鄉民，但還是沒有辦法真正求得國家機器所需要的螺絲釘。

於是到了漢武帝劉徹時代，選才標準就更加明確了，除了要求天下各地的長官，以及中央宰相都要加入選拔人才行列外，也更確定國家主要需求為：孝廉、秀才、賢良、明經、明法、兵法、陰陽、治劇。

其中有兩項可以特別提出，就是陰陽與治劇。漢武帝朝時接受了董仲舒提出的天人感應理論，需仰賴從戰國時代就存在的陰陽家來解釋，或化開各種天象異變帶來的衝擊，這就需要漢代唐綺陽們來解讀星象、說明災厄，同時也給予大家方向了。

治劇則更有趣了，治劇指的是能治理難易度較高的縣，而漢代的洛陽、長安除聚有天下富豪，甚至還有一堆著名地下勢力維持者（類《法外狂徒》）與遊俠，堪稱漢代高譚市❶，所以安排一個循規蹈矩的賢良方正，肖想拿一本《孝經》要感化他們，顯然不是太合理。這就需要有不畏強權、軟硬不吃的官吏，且能用比較極端的方法，來對這群人當頭棒喝，於是在察舉過程中，性格刻薄、治理方法果斷的人就有可能透過治劇而被提拔。於是，在西漢就出現了群星璀璨的察舉明星。

政治秀悲歌：會做事的比不過會作秀的

這當中有一個表現不是特別突出，但意義卻極為重大的老人——公孫弘。他是武帝朝的宰相，也是大漢立國以來第一位跟軍功集團沒有任何關係的宰輔，他在被舉為賢良的時候，已經年近六十，在古代是極其稀有的長壽。

或許是同為老來才得志，孔子曾言：「**及其老也，血氣既衰，戒之在得。**」這讓

❶高譚市：DC漫畫中的虛構城市，為《蝙蝠俠》漫畫中大部分故事發生所在地，名流遍地，罪惡橫行，也是蝙蝠俠的老家。

公孫弘在許多行為上，散發著特別過度老謀深算、又過於陰毒的氣息。他在被拔舉的時候，看到另一位已經九十高壽的老者也名列其中，於是側目以視，他可能不知道，這位就是在景帝朝早就名揚天下的轅固生。

轅固生曾經跟道家學者黃生在漢景帝面前辯論：商湯周武革命，到底是順應天時，還是弒君篡逆？轅固生認為：「當時夏王朝已失去人心，人心就是天命，這次變革是正義之舉」，然而黃生卻反駁：「帽子再舊也該戴在頭頂、鞋子再新也該穿在腳上，臣子再得人心也不可以奪君之位。」邏輯鬼才轅固生這時候悠悠然地來上一句：「按你這麼說，我們最得人心的漢高祖，也沒有資格取代秦帝國嘍？」

這讓眼看著局面就要失控的漢景帝趕緊出來當裁判，他先試著打圓場：「我聽說馬肝有毒，所以不吃馬肝也一樣是優秀的美食家；商湯周武的革命很複雜，不討論它，你們也是優秀的學問家。」由此可見轅固生再怎樣都是見過大場面的，一看公孫弘這張拜高踩低的嘴臉忍不住說了一句：「阿弘，你要當個正直的人，不要用諂媚的姿態討好這個世界喔！」（**公孫子，務正學以言，無曲學以阿世！**）

然而後來漢武帝召見公孫弘時，見他外型非常特別（對，漢武帝是非常有名的外貌協會），於是逐步給他更大的權力，最後甚至成為了一朝宰相。當然，更多可能是漢武帝需要這個重視自身形象、卻同時樂為皇帝做白手套的官僚，他可以一方面假裝自己很清廉，吃喝都用最簡單的配備，以此換來「公孫布被」的譏諷，被認為是個作秀過頭的老頭，同時他也可幫皇帝無痛地翦除功臣主父偃、驅逐董仲舒。

運用正確的察舉制度：平衡朝局、有效換血

透過這個案例也可以看出，察舉制度能夠有效地幫皇帝找到能夠充分平衡朝局、付出代價又不大、背景根基又不會盤根錯節的人，一方面徹底貫徹皇帝意志，一方面又能促進帝國這家巨型企業進行有效的「換血」，並且稀釋各大股東的股權。

另一方面，由於中央設立的太學開始教授儒家經典，並且為學習良好的學生鋪平了當官的仕途，這一招簡直比起以焚書坑儒消滅其他意見，來得更加釜底抽薪。至此之後，你想要進入國家官僚體系建功立業，都必須得遵照這套意識形態，學習如何忠孝、學習怎麼以詩經作為外交辭令。

察舉之有效，為漢武帝提供了源源不絕的人才，包括理財大能手、《鹽鐵論》的

奠基者桑弘羊；奴僕出身卻能馳騁漠北的衛青；冒險到達西域了解絲綢之路的張騫，還有著名酷吏張湯，都來自於這套拔擢系統。但還是那句老話，任何體制建構之初或都基於善意，並且都良好運作一段時間後，若不加以保養，那「不出意外，馬上就要出意外了」。

察舉制度弊端：為了拿補助，每個人都在強顏歡「孝」

察舉制的幾個明顯弊端在於，賢良方正是可以透過作秀來獲得名望、再透過私人關係得到舉薦的，兩則著名的小故事就可以做此驗證。有一位名士叫做黃允，因為他的才幹跟個人形象經營得實在堪比時下的流量網紅，因此不少人對他青睞，最具代表性的就是朝廷當中擁有極大權力的袁隗❷，袁隗甚至很感慨地說：「如果能讓黃允當我的姪婿就好了！」

或許是說者無心，但這個能夠與天下第一豪族結為親戚的誘惑，還是讓聽者極為有意，袁家經歷幾代努力，在當時已經是「我姓袁，權勢財富到天邊，我姓袁，四世三公威百年」❸的地步，於是黃允果斷地回家，竟把他的元配夫人夏侯氏給休了。

然而，成熟的夏侯姊姊也不哭不鬧，只是在拜別婆婆的時候要求：「能不能給我最後與黃家親戚訣別的機會」。於是，一場規模超過百人的告別宴開席了，席間，夏侯氏冷冷道出十五件黃允私下罪惡滔天的作為，這讓在場每個賓客通通驚呆了。當然，黃允想要娶到白富美從此人生一飛沖天的希望也就此落空。

在《後漢書．陳王列傳》裡，也有一個這樣愛作秀而且十分過頭的案例，主人翁名字叫趙宣。雖然古代本來就有父母過世守孝三年的規定，但這位趙先生一守，居然就在父母的墓穴守了二十年，其間什麼夫妻閨房之樂通通都省去，這當然看在大眾眼裡，都是一位對父母感情濃厚到不行的好人。

然而陳蕃得知這個消息後，親自前往趙家一探究竟才發現：「孝」死人了，這位趙先生在這二十年間竟生了五個小孩，這是什麼極樂墓穴生活？

---

❷袁隗：任漢少帝太傅，為袁紹的叔父，因袁紹、袁術皆為反董卓一派而被牽連，最後被董卓所殺。

❸以網路爆紅影音〈我姓石〉為靈感的創作。

具體而言，當今天社會強調某一個價值觀，而透過這樣的價值觀能等價交換到價格時，就會讓市場出現各種扭曲現象。像是政府補助新創產業，則再怎麼守舊的企業為了獲得補貼，就會各種巧立名目設置新項目來符合補助標準，當東漢帝國把「孝廉」當成補貼目標，各種當代網紅就會做盡表演來獲得青睞，最後拿到「補助」。

這或許也可側面解釋，為何《二十四孝》有七則故事出自東漢，至於背後真的有多少孝心成分，大家自由心證嘍。而東漢帝國發展到桓、靈兩朝，朝野內外都出現劇烈矛盾，這更加劇察舉制度的扭曲。漢桓帝的人生第一階段，根本就是照著中興君主的劇本在演。他剛一上臺，就把一個危害天下很久的外戚扳倒，這位外戚就是因前任皇帝漢質帝批評他一句「跋扈將軍」就弄毒餅送皇帝上路的梁冀。

可惜漢桓帝對金錢的執著強到超乎想像，為了能增加國家收入，不惜將官爵當成商品，放到自由市場上進行交易。當時國家表面上收入陡然劇增，卻更多被塞進私人口袋，而選上一批亂七八糟的官員，也加速國家的腐敗。童謠唱：「**寒素清白濁如泥，高第良將怯如雞。**」更是反映了這個體制與華夏第一帝國即將敲響喪鐘的預兆。

歷史情境對話站

1. 漢帝國的察舉制度，具體沿用時間可能長達八百年，一直到隋唐科舉制度出現才結束，它與科舉比起來，是否更加自由？你認為哪些制度可套用到當今政府？

2. 察舉制具體需要用什麼方式考核，會更加符合公平呢？

延伸關鍵字　想知道更多，請搜尋——

#《鹽鐵論》 #匡衡 #王莽 #袁隗 #官職買賣

【08】

袁紹與司馬懿，開啟與終結亂世的兩張臉孔

「人才是最堅固的城牆。」——武田信玄

歷史小檔案

登場人物

袁紹、何進、曹操、司馬懿

發生年代

2 世紀末

國際上正發生

- **波斯帝國**：西元 3 世紀，一位學貫古今，熟悉波斯祆教、基督教與佛教的「先知」，開創了融合三大宗派的超級神奇宗教——摩尼教，其影響雖然不能跟三大宗教相比，但往後卻成為華夏帝國民間組織常常假借的名義。

袁紹，一名差點在東漢末年直接封神的男人，他是幾次洛陽巨變、天下舞臺上無可質疑的第一號男主角，但究竟是什麼原因，讓他後來的下場無比淒慘？至於司馬懿，他是一個絕難評價的存在，但卻也是無可質疑、終結漢末亂世的推手。

東漢以來的世家門閥隨著政治鬥爭的越演越烈，他們的生存路徑也出現了變化，同是貴族出身的司馬家獲得了執政權後，其他門閥除了跟著雞犬升天，同時也在隨後亂世到來時，真的物理升天了。

我姓袁，四世三公威百年

袁紹，或許橫看豎看都會覺得他一定是東漢末年最具英雄氣概、而且拿到了主角劇本的人，屬於在劇組裡面要流量有流量、要背景有背景的一線大牌，且有無數人捧著錢，要讓他第一部劇就以男主角之姿出道。

袁家興起與發展幾乎跟東漢帝國同步，即使後來歷經了官渡之戰❶慘敗等政治鬥爭上的悲劇，到了唐帝國時期，家族後代依然有人出任宰相，而民國初年評價褒貶不一的袁世凱，也自認是袁氏子孫。

袁家到底如何成為一個貫穿千年影響力的家族？或許答案就在他第一代家主袁安成為司徒之後的作為上。這位當時以孝廉❷身分進入朝堂的宰相，明知道外戚竇憲聲望如日中天，且大有壓過年幼小皇帝的可能，此時，選擇維繫皇權雖是大義，卻也可能成為自己跌入黃泉的大意，但袁安卻多次跟掌兵權的竇家抗爭到底，以致天下人心皆佩服這位宰輔的為人。

另一方面，這個家族又極為精通經學，學術上本來就很有影響，加上為官評價頗高，依附於他們的學生、崇拜這樣精神的官吏更是遍布天下。於是，一個五代之內出現六位三公等級的大家族橫空出世了。

四世三公這個稱謂根本小看了袁家，一直到漢末，即使經歷了兩次黨錮之禍，這個家族依然是在政壇上最閃爍的一顆明星。然而到了袁紹這一代人，卻連續做出幾次過於危險的政治投機，進而使得整個家族逐漸步向毀滅的道路。

國之將亡，亂象盡出

當時，漢朝國祚看起來已經是快到尾聲了，當政的漢靈帝對外作戰屢遭失敗，對內又放任買官鬻爵，甚至出現他在西園抓狗與人「配」、跟宮女玩cosplay、發明開襠褲給宮女穿方便自己與之「配」等荒謬行徑。但如果要正面一點講他，其實就是一個挺重公平的男人。

第一件公平的事情是，他覺得宦官也是人，這群幫他斂財、掌權、處理雜務的宦官，對他呵護備至堪稱是爸媽的程度，於是他講出「張讓是我父、趙忠是我母」；第二件公平的事，是當他看到天下似乎越來越有失控混亂的可能，於是為了公平起見，決定將漢帝國這家企業的股權分配給自己的皇親國戚們，並接受了劉焉的建議「廢掉刺史，改設州牧」，由此開啟天下群雄割據的失控局面。

❶官渡之戰：是漢末三國時期三大戰役之一，為以少勝多的戰役。於二〇〇年（建安五年）袁紹軍南攻曹操，相持於官渡，袁紹軍被擊潰。此戰奠定了曹操統一漢朝北方的基礎。

❷孝廉：為漢代察舉科目之一，由漢武帝創立，指的是「孝順親長、廉能正直」。

其實最致命的是漢靈帝連在決定繼承人問題上都在搞平衡，一方面他將大權給予了妹妹已是皇后的大將軍何進，由此確保太子劉辯地位穩固。但是另一方面他又愛惜自己次子劉協，於是又以黃門（宦官泛稱）蹇碩為首，組建另一支在首都可以制衡大將軍的軍事力量——西園八校尉。其中八校尉就包括了名聞天下的曹操、淳于瓊以及袁紹本人。

有好的路不走，偏偏要去走鋼索，這不是劍走偏鋒，只是在增加自己掉下去的機率而已，漢帝國就在靈帝平衡來平衡去的走鋼索過程中，逐漸走到了生命的盡頭。

POV③：蹇碩兩次想殺何進都失敗了

何進這個時候似乎是整個權力場上最有實力的棋手，手上籌碼極多，知道未來的皇帝、天下士人，甚至是一部分的宦官都是站在自己陣營，如果加上袁紹家族，那就更是無敵的存在。這種恐懼就倒逼著蹇碩——這個被漢靈帝一手栽培出來制衡何進的宦官，心中感到憂慮不已。

如果要在一場不對等戰爭中獲得勝利，那唯一的方式就是發動奇襲，透過先手的主動權來想辦法彌補雙方實力的差距。於是蹇碩在靈帝駕崩之時，就已準備好在宮中伏殺何進。

然而，當勝負明顯到任何人都知道大勢所趨時，還能夠成功發動恐怖攻擊的方式當然越少人知道越好，因為只要多一個智商正常的人知道你將冒險，他就會為了存活、投機、升遷等各種合理的原因，選擇不要跟你一條路走到黑。

就在何進接到漢靈帝殯天的消息，打算入宮的時候，蹇碩的手下，司馬潘隱忽然給何進投去一個意味深長的眼神。何進雖然在任何三國遊戲裡的智商設定都不高，然而他可以傻，但並不瞎，何進立刻宣稱自己身體抱恙、過度悲傷無法入宮，就這樣極草率地因為敵人內部不團結，而躲過蹇碩的暗殺計畫。

但蹇碩並不放棄，他找來其他的宦官朋友郭勝，打算依樣畫葫蘆，再演一次召喚何進、關門、放狗的三步驟暗殺。

---

❸ POV：point of view 的縮寫，可翻譯成角度或觀點，指用創作者的視角去詮釋一件事。

奈何這個郭勝，就是當初提拔何進的宦官之一，於是比起潘隱的搖擺不定，更直接地選擇背刺，他立刻把情報傳遞給何進，而名義上也是蹇碩下屬的袁紹此刻也發揮出關鍵作用，選擇倒戈支持何進，最終讓何國舅順利完成了反殺，徹底結束了蹇碩的政治生命與物理生命。

十常侍之亂：何進物理性掉頭就走

然而，此時請把聚光燈打在袁紹身上，這位自認為拿到主角劇本的年輕人，忽然看到了自己主導歷史的可能性，他利用當下何進對宦官集團的痛恨，獻上了一條建議：誅殺所有洛陽城內的宦官。

這邊必須補充一點說明，東漢自從陷入權力交替怪圈之後，宦官實力不斷膨脹，以至於在帝國行將就木的桓靈兩朝，發生了至少兩次劇烈的士人與宦官衝突，而兩次政爭的結局都以士人的失敗告終。

第一次是讓無數人永遠失去進入朝廷的資格，第二次更是惡性地直接讓一群讀書人徹底失去生命。

甚至當時有些官員看不下去而上奏靈帝，應該還給這群人清白，結局是自己也跟著被拖下水，只要曾經反對宦官、與皇帝作對的，一律打為黨人，黨人的門生故吏、父子兄弟如果有人任官，則一律罷免，禁錮終身，並牽連五族❹。

因此，袁紹這個血腥的提議，忽然就讓何進陷入沉思。一方面，這是他積攢更多聲望、爭取讀書人支持的好機會。但另一方面，自己能夠上臺也跟宦官們在背後運作有千絲萬縷的關係，畢竟宦官當時的需求是在讀書人與自己人之間找個緩衝，何進這個沒有背景的外戚就是很好的過渡人選。

這份恩情讓一個殺羊的小人物，有機會一躍成為國舅爺，這也就成為何進現在心裡最跨不過去的一道坎。熱心的袁紹為了幫何進更快地進行選擇，他表示，為了能增加這場與宦官鬥爭的勝算，希望能徵調各地的諸侯一起帶兵勤王。

這可就明顯包藏禍心了，身為袁紹同事、同時也是童年玩伴的曹操立刻嗅出一股

❹史稱黨錮之禍，宦官大舉誅殺士大夫一黨，從一六六年起歷經兩次變亂後，清官銳減，宦官掌權後亂政，導致黃巾之亂發生。

不對勁的氣息，於是反對道：「自古以來宦官都是存在的，皇帝不給他權，他哪來作惡的資本？你可以殺掉元凶就好，大可不必趕盡殺絕。」

但是這番話只是加深了何進的猶豫，而比他更猶豫的，是他已身為太后的妹妹，最後何進召集了各地軍隊，包含時任并州刺史的董卓進京，而部分軍隊已經快要包圍首都洛陽了，尤其呂布的第一個義父丁原更是到處放火，展示自己即將入京殺宦官的決心。

然而何家這對兄妹卻仍然在舉棋不定，成大事的人在關鍵時刻不會猶豫至此，宦官集團終於確定了何進腦子已進水，真的被袁紹說服要來對自己不利，投資失敗的屈辱、即將喪命的恐懼、沒有後路的決心此時全部摻雜一起，他們決定偽造何太后命令，將何進騙進宮。

平時欺軟怕硬的何進忽然在此刻硬氣了一把，面對手下的阻撓跟妹妹的傳召，他選擇了後者。

想不到他這一進宮，蜂擁而上的是一群手持寶刀、怒目圓睜的太監，察覺情況不對準備掉頭就走的他，這次頭就真的是掉了。

隨後，袁紹帶領他能調動的所有部隊殺入了皇城，開始真正誅殺宦官的行動。一時之間，洛陽禁宮內只要是沒鬍子的男人，都會被當成宦官屠宰，許多年輕官吏也必須脫褲以自清。

在這時候，你會忽然發現，長期支撐東漢中央的兩股勢力——宦官跟外戚，居然在袁紹的談笑間通通灰飛煙滅了，這個真正的幕後影武者，再次向我們展現了什麼叫做驅虎吞狼的有效。

宦官不重要，外戚也不重要，但沒有了他們，對袁紹來講很重要。只是笑到最後的，居然也不是他，因為雖遲但到的董卓進京了。

這股從西涼來的新武裝力量，竟在洛陽掀起了新變化：打破了中央朝廷幾百年來宦官、外戚與皇帝在政權上三足鼎立的僵化格局，於是，董卓這位外地將領終於有了機會來制定新的規則。

後來的故事我們也熟，三國亂世就此展開，而袁紹在威風了前面三節後，第四節就在官渡被他的好朋友曹操打敗，最終在倉亭尷尬地道別了這個英雄輩出的時代。

曹操會贏，是調低標準還是改變權重

每次提到人才兩個字，大家都會一致認同這是一個企業、國家最需要的珍貴資源，可如果再往下細究：什麼樣的人算是人才呢？人才應該具備哪些特質呢？這就容易產生混亂了。

漢帝國以孝治天下，所以強調你必須孝順、清廉才能符合一個人才的標準，但我們的人生經驗裡卻看多了各種道德崩塌，甚至貪得無厭、做人失敗的，卻同時擁有許多資源、創業經驗以及崇高地位，如果這個社會仍然以漢帝國的標準來選拔人才，那可能會少了許多企業家，甚至是當代臺灣的某些政治家。

但這或許就是曹操的優勢，他在自己收攬天下英才所寫的求賢令中，特別舉了管仲、陳平的案例來講。管仲是個生活特別奢侈的人，陳平年輕的時候跟自己大嫂有染、還曾經偷過錢，但後世都知道他們所建立的功業，絕非那些聖賢大儒能比的，所以，各位有才無德的朋友們，快來我的麾下吧！

這讓梟雄曹操麾下，搜羅了許多可能在原先體系內難以出頭的稀世人才，包括神算郭嘉❺、賣隊友專業戶賈詡❻與天下第一大狠人程昱❼。

郭嘉因為在攻伐呂布之戰、決定劉備去留、官渡戰前提出〈十勝十敗論〉❽、判斷孫策將喪於匹夫刺客之手、預判遼東征伐戰的結局，都有像天神一樣的決算與遠見，讓許多三國迷對他特別喜愛。

但另一方面，郭嘉也是老實人陳群屢屢上奏認為行為不檢之標的，而程昱就更是如此了，他為了解決曹操軍中的缺糧問題，居然在食物裡頭夾雜人肉，讓軍隊充飢，這種事但凡是個人就很難做出來。

至於賈詡，這個年少的時候就曾獻計大敗孫堅，後引西涼兵進攻長安、誅殺王允，可以說是謀者以智計打敗武人的經典案例，而此人一生屢換主君，並且與曹操存

---

❺郭嘉：起初為袁紹麾下謀士，後因袁紹不懂用人之道而轉投曹操，曹操特為其設司空府軍師祭酒一職。郭嘉曾經多次被陳群批評行為不檢，可能與他身體虛弱而及時行樂、不顧禮法有關。逝於三十七歲，曹操於赤壁之戰敗後曾嘆：「郭奉孝在，不使孤至此」。

❻賈詡：曹魏開國功臣，軍事謀略上幾乎算無遺策，但因多次改換門庭，而且引導董卓餘黨李傕、郭汜攻下長安城，導致漢獻帝淪為傀儡且國家不安。

❼程昱：性格急躁，容易與人結怨，但受曹操信賴。

❽〈十勝十敗論〉：在官渡一戰前，郭嘉分析出十項曹優袁劣的論點，增添曹操戰勝的信心。

有殺子之仇這些汙點，卻仍然可以得到曹操重用，不難看出曹孟德用人的胸懷，落實了他唯才是舉的口號。

當機立斷的土匪曹老闆VS好謀無決的富N代袁少爺

這種海納百川的做法，也的確讓曹操在前期大有他自己在〈短歌行〉中所說的格局：「**周公吐哺，天下歸心。**」反觀袁紹就棋差一著，似乎就沒有曹操這樣豐富的人才庫。

我相信大部分讀者初看三國也應該會做出這樣的判斷，認為袁紹輸在沒有人才。但其實袁紹是人才庫充沛，根本不需要學曹操這樣調低標準來吸納人。

道德跟能力不一定成正比，但同時，道德跟能力也不一定成反比。如果你身為一個公司領導人，可以的話，絕對會想挑道德、能力雙雙達標的選項。

袁紹當時身邊聚攏了各家大族裡的優秀子弟，包括荀彧的哥哥賢士荀諶、後來成為曹魏重臣的辛家兄弟辛評與辛毗、建安七子之一陳琳、北方名士董昭等人，大可不必刻意降低標準來招納人才。

當然袁紹多端寡要、好謀無決的行事模式，在官渡敗戰上要負起很大的責任。此外，他的人才可能在當時也不如曹操這般多元，但若從現代角度回望判斷，也很難得出這裡誰是正確或是錯誤的結論，甚至連「袁紹的失敗屬於資源詛咒（Resource curse）的體現」這樣的道理也不是很正確。

畢竟兵聖孫武總結得好：「**兵者，詭道也**」，硬要在一個用謀詐、欺騙才能獲得生存機會的戰場上學到教訓的話，就跟人一生只能喝一次岩漿一樣，那也只有透過你死我活這樣殘酷的方法來親身體驗了。

令人討厭的司馬懿的一生

東漢末世出過許多英雄，但無論是周瑜、龐統還是諸葛亮，礙於時代限制，他們最終都不能成為帶領自己國家完成「天下定於一」大業的舵手，而在主旋律為分裂的三世紀，讓東方暫時維持統一局面，反倒是司馬懿。

司馬家是如何將自己與天下共同拖入末日的，在Chapter 1〈血色洛陽風暴：接連不斷的離譜政治秀〉中已經詳細介紹過。禍起蕭牆的司馬懿並不是一個令人喜歡的角色。

從小細節上，他將糟糠之妻張春華比喻成令人生厭的老物，本身就是非常不得體、又極其厭女的說法，不要說時隔近兩千年後聽起來不舒服，就連當時他兩個和張春華生出來的兒子就完全不能接受，司馬師跟司馬昭還為此絕食逼迫父親認錯。

但除此之外，他人生最大的黑點，大約就是〈血色洛陽風暴〉中提及的高平陵之變了。

這其實並不容易，在一個戰火四起、瘴癘瘟疫漫天而來，倫理綱常都很容易隨著理智線斷裂的年代，司馬懿其實沒有犯太多過錯。

在司馬懿被魏文帝曹丕重用之後，一直到魏明帝時代為止，他都呈現出一位公忠體國老臣應有的樣子，阻擋千年來被尊為聖賢的諸葛亮多次北伐，平定千里之遙的遼東公孫淵叛變，擊敗孫吳上將朱然、諸葛恪等人，簡直是曹魏帝國的擎天頂梁柱。

然而，在魏國宗室權臣曹爽的逼迫之下，真正一生不用險，快要可做到四朝開濟老臣心、幾乎能跟諸葛亮雙星交輝的司馬懿，在老到快一步走到黃泉時忽然奮起反擊，至此有了高平陵之變的爆發。

司馬懿反叛是老年糊塗，或想博得一線生機？

對，我認為如果不是被逼到萬不得已，這個幾次阻撓曹爽犯蠢去進攻蜀漢帝國、為國家南征北戰立有大功的名將，沒有必要在行將就木之際去做出這種冒險來。

司馬懿背棄洛水之誓，使其政治信用破產，其後司馬家族運勢一路衰敗，最後被劉裕屠滅滿門，只能說欺騙神明，下場很淒慘啊。

畢竟當時曹魏大部分的官員願意站在他這裡，就更能說明曹爽的執政已經到了多麼失敗的境地，他完全沒有理由只憑三千名不要命也沒有武器的死士，在洛陽城發動只要失敗就會全家掉腦袋的政變。

當然，司馬懿後來指著洛水發誓，再反過來違背諾言誅殺曹爽全族，讓見證人蔣濟被當成笨蛋耍；或者在淮南叛變時，跟自己老戰友王凌許諾保他全族，轉瞬立刻將他一家送進地府，都說明這個人在人之將死之際不但毫無善良，連臉面也都不要了。

人之將死，為什麼其行如此不善，追究原因，會發現當下他已經面臨了家族生存保衛戰的緊要關頭。成為一個歷史上的混蛋，然後將整個家族拖向「無限政變」絞肉機，其實要付出的成本太大，司馬懿絕非打從一開始就有這個念頭，甚至可以說，如果不是在最後遇到曹爽這樣苦苦相逼的對手，或許也不會有西晉帝國的出現。

華北漢人絕種，竟是司馬氏在搞[9]？

九品中正制[10]在這個察舉制度逐漸鬆散的時代出現，為國家帶來新一批權貴家族，而善於經營這些人脈的河內司馬家族，也在此培養出不少優秀人才，卻也同時找出了一批墮落速度不亞於過去的特權階級。

有了他們，正面上來講是為華夏第一帝國的貴族風雅留下火種，直到六朝覆滅，都還是在江南隱隱約約影響千年；至於負面影響可就太嚴重了，這群跟著司馬家一起飛黃騰達，也急速墮落的群體，就是最後把華夏帝國搞到關燈的罪魁禍首，甚至某種程度上來講，這批人導致華北的漢人幾乎絕種。

沒錯，就是字面意義上的絕種，從西晉末一直到南北朝，北方歷經無數次的人口滅絕——八王之亂及五胡亂華，原本帝國邊陲的民族在進入農耕文明區後，為了解決少數統治多數的問題，泰半都選擇舉起屠刀的老方法。

屠殺絕對是最低能的治理者才會使用的方法，可是如果真的快要渴死，那飲鴆也是必要之惡。至於那些血腥的故事，我們留待 Chapter 3〈五胡亂華，是物競天擇或

❾在搞：網路用語，指在檯面下做不好的事。

❿九品中正制：也稱九品官人法，是魏晉南北朝時期選拔官員的制度，取代了過去用以薦舉官員的察舉制。主要在糾正過往察舉制缺乏選才標準的缺失，而定九品，派中正官加以評定，但仍舊多半以門第為分別標準。

有人德不配位？〉中再來跟大家解說。

令人遺憾的是後來許多歷史敘事者，為了能夠滿足民族主義的需要，把多次人間慘劇講成了英雄史詩，例如冉魏的建國者冉閔，為了能夠鞏固自身權力而對曾經有提拔之恩的異族進行殘忍的屠戮時，只因冉閔恢復了漢姓，他的殺戮自然就被認為是民族榮光，也算是一種對歷史的曲解。

歷史情境對話站

1. 貴族必須負擔的責任跟義務是什麼？他們身為一個社會的表率，在享受榮華富貴的同時，應當有什麼付出與代價？
2. 東漢被稱之為士風淳美，意指國家風氣端正，這是貴族社會的優點，還是導致偽君子橫行的開始？

延伸關鍵字

想知道更多，請搜尋——

#十常侍 #黨錮之禍 #官渡之戰 #曹爽 #高平陵之變 #九品中正制

#廢史立牧

【09】

庶民政治團隊上位，讓生活變好或變壞？

「自由，自由，多少罪惡假汝之名以行！」
——羅蘭夫人

歷史小檔案

登場人物

劉裕、司馬曜、蕭衍、侯景

發生年代

4 世紀～ 5 世紀

國際上正發生

- **法蘭克王國**：羅馬面對外患越來越多的狀況，只好不斷跟能夠合作的蠻族達成協約，這慢慢養出一批國家新的守護者。但隨著自己本國的政治越發混亂，國家守護者們也逐漸脫離了中央的控制，發展出新的羅馬化國家，最具代表性的克洛維一世就是在這種氛圍下，建立了歐洲中古、乃至近現代都最重要的國度——法國前身的法蘭克王國。

在上一個時代毀在貴族手裡後，新建立的政權開始想盡辦法延攬平民、寒門能夠進到官場，改變當下社會動盪與混亂的問題，但實際上的成效，卻因為一場侯景之亂，撕破了盛世之下的國王的新衣。

劉備才是三國殺的最後贏家你敢信？

三國時代是終結了，但最後勝利者真的是司馬家嗎？至少，在元代成書的《三國志平話》不這麼看。這本書的結局把桂冠戴在了劉備頭上，聽來很荒謬，但原因卻也有一定的道理。在司馬家經歷八王之亂後，西晉帝國的歷史最後終結在永嘉之禍❶，當時的匈奴王——追封劉禪為先祖的劉淵自稱漢光文帝，恢復了蜀漢帝國的正統性，因此轉了一大圈後，劉家四捨五入仍然贏得了這輪鬥爭。

❶永嘉之禍：西晉永嘉年間，匈奴出兵擊敗洛陽的守軍，並擄走晉懷帝。其後晉愍帝繼位，也未能挽回頹勢，西晉滅亡。

《三國志平話》更有趣的是將劉備、曹操、孫權的前世，分別套在了彭越、韓信、英布身上，認為漢高祖劉邦因有愧於三功臣，害他們各自被誅滅滿門，所以經歷四百年後，冤屈不得解的三人才投胎為建立三國的英雄，分割了大漢天下。

正是「改編不是亂編，戲說不是胡說」就是這個道理，在邏輯不至於完全斷裂的狀況下，一個神怪故事就這麼合理地被套在了正史基礎之上。

如果順著這個邏輯往下看，逃到江南以後勉強立足的晉帝國，也的確在最後亡在了劉家人，一個出身寒微的將領劉裕手上。這就是歷史的有趣之處，雖說勝者為王，但要達到什麼樣的條件，才能確認他是個勝利者？同時這也是歷史困難之處，歷史沒有一個單一模型或標準，可以來解讀這段故事要給我們的具體啟示是什麼。

另條世界線開啟：社會底層掌權的世界

在華夏第一帝國的屍體之上細細解剖，很多人都可以得出它的死因跟世家門閥有著千絲萬縷的關係，但如果反其道而行，皇帝不用像石崇、王愷這類腐壞墮落的貴族，而是重用寒門掌機要，那又會是什麼局面呢？魏晉的上品無寒門、下品無世族，導致帝國已經被胡人打得滿地找牙、渡江求饒，但這個歪風仍然春風又綠江南岸。

曾經因為夜訪戴安道的瀟灑情懷，而被我視作青年偶像的大書法家王徽之❷，就曾經在擔任騎兵參軍時，被桓沖（淝水之戰的東晉功臣）詢問：「你現在做什麼工作？」他輕飄飄地來上一句：「不知道，但常看別人牽馬來，應該是管馬的。」桓沖繼續問：「那你管了幾批匹？」王繼續不在乎地說：「不確定，沒問過。」桓沖再問：「那死多少匹？」王竟搬出了孔子名言，巧妙地說：「未知生，焉知死？」

我想此刻應該已經不少人想衝上去給王先生幾個巴掌，順便連帶把門閥士族砸爛吧。南朝的這些皇帝一定也是這麼想的，東晉帝國在即將滅亡之前，有一群社會底層，透過自己的軍功，不斷地在朝堂之上獲得更大話語權，也衝擊著貴族壟斷勢力的大網，這批人隨著淝水之戰❸的勝利逐步抬頭，而後這個組織被稱為「北府兵」。

❷出自《世說新語．任誕》之〈雪夜訪戴〉，有天夜裡下起大雪，王徽之突然想起了戴安道，連夜乘小船前往。經過一夜才到，到了他家門前即轉身返回。寫王徽之（子猷）率性的行事風格。

❸淝水之戰：於三八三年（東晉太元八年），前秦苻堅一統北方後出兵伐晉，於淝水交戰。東晉以七萬多軍力大勝號稱八十多萬前秦軍，確定了南北朝時期長期分裂的局面。戰後苻堅退回北方，遭部下殺害，北方再度分裂。

從北府兵營走出來，最後聲聞天下的人就是劉裕。戰鬥力驚人的他，一生所建立的軍事成就大概可以讓許多武神、武聖都自嘆不如。他的人生曾經平定過兩場宗教結合海賊的大型叛變——孫恩盧循之亂❹，打敗過朝廷叛賊也就是自行稱帝的桓玄，消滅了四川建立的譙蜀政權，北進奪下山東並且斬首南燕末代皇帝慕容超，最驚人的是完成了東晉建國以來最戰果輝煌的一次北伐，奪下了洛陽、長安等晉帝國舊都。

這使得他在辛棄疾的詞裡，成為戰無不勝、攻無不克，號稱氣吞萬里如虎的神將。也因為這些夢幻的戰績，加上東晉帝國皇室內部問題嚴重，而讓劉裕本人存在更大的野心——他想當皇帝。

一個出身底層、肯打拚與吃苦耐勞的人，如果奪下皇座，勢必會是個深知民瘼的好領導，對吧？但同時他把身在底層的所有恐懼，通通在他上位後展露無遺。

當時東晉還是一個非常相信讖語的社會，所謂讖語有點類似預言，民間會有好事者捕風捉影，將這些預言傳遞到各個角落，進而影響當時政治的發展，有時候讖語或預言也跟當時客觀的社會發展有關。

舉例而言，非正史的《世說新語》裡中提及，東晉明帝司馬紹有一次跟宰相王導詢問帝國是如何建立的，王導細數了司馬懿政變、司馬昭當街刺殺皇帝的過程，明帝聽完大嘆：「如果真是如此，這個國家怎麼可能長久（祚安得長）？」

也的確，晉並不能算是一個長命的王朝；而在劉裕的成長過程中，社會上就流行一個說法：「昌明之後尚有二帝」。

這個昌明，指的是東晉孝武帝司馬曜（字昌明），某種意義上他是整個帝國最後的希望，在他任內因為重用謝家，組建了帝國最強戰鬥力，並且擊敗了前秦天王苻堅，導致北方帝國陷入四分五裂的階段。孝武帝眼看著自己就有機會北上光復中原，卻在與他同樣嗜酒的司馬道子當權後，陷入酒色溫柔鄉當中。

而孝武帝的離世也頗具黑色幽默，一日，他跟貴人張氏說：「妳也已經年老色衰，不如就廢了妳吧。」張氏在羞憤之中，趁夜拿起枕頭活活悶死這個渣男，同時也

❹ 孫恩盧循之亂：東晉末年發生的民變事件，爆發於晉安帝年間的三九九至四一一年。有五斗米道的背景，但實際是因人民不滿東晉的統治。此次民變嚴重打擊門閥士族的勢力，朝廷為了平亂，不得不倚重具軍事實力的寒門武將，而劉裕成為最大得利者。

悶死一個帝國再起的可能。從此之後，東晉也陷入權臣混戰、世族屢屢挑戰皇權、民變接踵而至的末日之象。

劉裕導致的業力引爆：願來世永不生帝王家

回到現在，劉裕在北方大獲全勝，準備回到金陵城走完篡位流程時，忽然就想起這個讖語（昌明之後尚有二帝）。這對他來說很麻煩，因為當前在皇帝座位上的晉安帝是司馬曜的兒子，如果要應驗這個讖語，就必須得再把他給換掉才行。

劉裕這時的做法簡單粗暴，用一杯毒酒先送晉安帝司馬德宗上路，再立他的弟弟司馬德文為晉恭帝，並讓晉恭帝完成禪讓程序。而在劉裕成功建立新朝之後，他第一個想到的，就是這批司馬們總是讓他如芒刺在背。

不想當刺蝟讓自己背上很多刺的這位平民皇帝，就此展開了對司馬家的屠殺，而晉恭帝的結局就頗叫人唏噓。因為他不願意被逼著飲毒酒自盡，所以接受劉裕詔書前，來送廢帝上路的士兵們便拿起了棉被與枕頭，用司馬昌明的死法送他兒子上路——寢具居然在這個時代是這麼危險的武器。

然而這其實犯了天下之大不諱，自傳說時代以來，權臣篡位的故事很多，王莽、曹丕、司馬炎都可作為代表，廢立皇帝的伊尹、霍光也都權傾天下，但這些勝利者至少都保有一絲底線，就是不去追殺自己的前任君王，讓宗廟還得以延續香火。例如漢獻帝本人跟後代，仍然承襲著山陽公的爵位，曹家宗氏更是到了晉帝國時都還有官職，唯獨劉裕在獲得神器之後還要回頭報仇。

當然這跟當時他新建立的「宋帝國」面對內憂外患有關，國內還有許多世家門閥，用鄙夷眼光看著這位權力的暴發戶，北方各國也隨時可能南下進攻，這讓劉裕也存著「我要幫兒子們掃清障礙，先把困難的髒事做完」這類詭異的慈父想法，於是他不得不舉起屠刀，不體面地打開了殺害廢帝這個潘朵拉盒子。

從此之後，再有王朝建立於禪位之上，那伴隨的一定是廢帝與他家族的無盡鮮血，劉裕一定萬萬想不到，六十年後那位叫蕭道成的大臣逼迫著他的子孫讓位時，也一樣是舉起屠刀，磨刀霍霍地走近他老劉家的幾百口面前。他的子孫在絕望裡悲傷喊著：「願世世無生帝王家」。一個本應是勵志故事、從底層翻身的平民皇帝，卻也因自身恐懼，從此讓所有「政權轉移」都變得血腥無比。

東魏大將侯景，是華夏帝國史上一個奇葩存在，單看他驚人的戰績表，的確無愧於後來他在造反成功後，進入金陵帝都時，要脅梁簡文帝蕭綱給他的封號——「宇宙大將軍」。

然而此人一生幾乎都在變換陣營，堪稱南北朝小呂布。先是歸附於葛榮，後來叛變降了爾朱榮，在爾朱家族覆滅後他又選擇了高歡，高歡過世之後據有河南、擁兵十萬的他，又立刻向西魏安定公宇文泰、南梁皇帝蕭衍拋去魅惑的眼神。

他也留下許多令人哭笑不得的記載，像是征伐宇文泰時因為己方力量不足，被宇文泰一番言語攻擊後，驚懼的侯景說出：「我只是別人的箭，被射出來而已。」❺然後迅速撤兵。

及後來發動叛變要進攻帝都前夕，梁武帝蕭衍派遣使者來跟他談判，並詢問他帶兵到京師所為何來，他毫不猶豫地直接說：「為了來當皇帝。」完全拋棄清君側這類大義口號，搞得他的謀臣王偉尷尬地隨後挽救：「小人朱異亂政，我們來清理。」❻

但侯景話已講出去，在這個誰都演不下去的大型社死現場後，惱羞成怒的侯景直接扣押使者。跟戰鬥力成反比的忠誠度，讓侯景始終是當權派的心腹大患。

他一輩子服侍最久的領導者東魏大丞相高歡，在玉壁之戰❼後一病不起，侯景就開始虎視眈眈，甚至到處放話，如果哪天高歡傳位給他的孩子高澄，他不會甘心聽命於鮮卑小兒。但這充滿種族

系統通知：宇宙大將軍登入南朝伺服器！
宇
宙
宇宙大將軍封號一出便師出有名，梁簡文帝不過多問一句：「將軍乃有宇宙之號乎！」之後便落得被侯景用棉被悶死的下場。

---

❺原文：我猶箭耳，唯人所射。

❻出自《資治通鑑》：「今者之舉何名？」景曰：「欲為帝也！」王偉進曰：「朱異等亂政，除奸臣耳。」

❼玉壁之戰：是東魏丞相高歡於五四六年時對西魏發動的戰役，旨在攻取戰略要地玉壁城，進而打開西進的道路。東魏軍屢攻不下，傷亡慘重，後撤退。隔年高歡病死。

歧視的話，他自己可能最沒立場講，本身出自於六鎮底層的他，根據後人考證，很可能就是南匈奴奴隸的羯族後代。

在高歡過世後，明顯感覺到新任繼承者對自己也很不滿的侯景，很快地反叛東魏，轉而獻出自己所有領地給了南梁高齡八旬的皇帝蕭衍。蕭先生英明半輩子，當上皇帝後卻是越接近晚年越發昏聵，不但過分給予皇族兄弟無限大的犯錯空間，自己還數次出家同泰寺，政治上也不再有長遠規劃，而是自我感動式的反覆強調對佛教貢獻、自我犧牲的功德，最後金陵都城內人人思亂、戶戶不滿。

侯景之亂起因：惱羞成怒真的很可怕啊！

在這個前提背景下，利慾薰心的蕭衍抵擋不住河南之地的誘惑，竟無視侯景可能帶來的災亂，接納了他的投降，並且派遣貞陽侯蕭淵明到河南前線支援侯景，共同抵禦東魏高家勢力的南下進攻。

結果這一波，蕭衍完全賭錯，因高澄派下的，竟是當朝名將慕容紹宗。該怎麼介紹他呢，大約就一句話，剋侯景專武[8]，一仗下來，不但打得侯景毫無反擊之力，還順便把蕭淵明當成紀念品帶回了北方。侯景無奈之餘，只來得及保下了自己還算堪用的部隊，狼狽後撤到南梁的北方重鎮壽陽城，並且反客為主，迅速占領下來。

蕭衍看著河南之地盡數淪喪，王室貴胄被俘虜，現在連國門都被侯景占走，實在是尷尬到想挖個洞乾脆把自己直接埋了，但如果真的這麼做，或許還好一點。

後來，侯景因為擔心自己已沒有籌碼能繼續遊走於各方勢力，又害怕蕭衍會把自己當成跟高澄談判的籌碼，於是他假裝成高澄，寫了一封信給蕭衍，提出可以放走蕭淵明，但要將侯景交給他。

梁武帝也是真的老了，並無特別去查信件的來源真偽，居然就給予回覆：「只要貞陽侯早上一到，晚上立即把侯景給您打包到府。」收到信的侯景，當下那份敗軍之將的羞赧、被出賣的憤怒終於全面爆發，他大怒地說道：「我就知道東吳（指南邊吳地）老兒是個薄心腸！」[9]從此拉開他南下進攻金陵的侯景之亂序幕。

---

[8] 專武：特指遊戲、動畫等內容中，特別契合某個角色的武器。

[9] 出自《資治通鑑．卷一六一》：復書曰：「貞陽旦至，侯景夕返。」景謂左右曰：「我固知吳老公薄心腸！」

在這場禍事中，帝都裡的各種二代們展現出廢到極致的一面，知名文學家庾信家中數代為官，甚至還各個有著作，在作戰部署中，他負責把守帝都要地朱雀橋。結果當時一見侯景叛軍被甲執銳而來，便把這位當時還在啃甘蔗的文青嚇得六神無主，直接棄軍而逃。

後來庾信逃到江陵，正巧遇到年少時的男友，長沙蕃王蕭韶，因為覺得對方無禮、態度大為冷淡，居然趁著酒興，不顧滿場賓客，逕自踏上蕭韶的坐榻說道：「你今天的表現跟以前真的完全不一樣啊！」

當真是作戰面對敵人抱頭鼠竄，再遇好欺負的前任情人則英勇無比。

另一個令人失望的二代則是柳仲禮，他是非常善戰的名將，曾在北魏進攻時，挽救國家於險些失去荊襄重鎮的危機，一度梁武帝對他的愛滿溢到要時常思念的地步，在柳仲禮要外調司州刺史時，梁武帝甚至派人繪出他的畫像，以便日日思念。

當侯景尚在長江以北蠢蠢欲動，柳仲禮就向蕭衍多次申請出戰；在侯景真的排山倒海而來時，柳仲禮立刻找他的表哥韋粲、鄱陽王蕭範率領大軍近十萬人勤王，然而這位既有戰績、又能料敵於前的名將，居然在金陵帝都之前名節盡毀。

原因在於韋粲陣亡。韋粲的祖父是在四十四年前在合肥立下戰神功績的韋叡，由於調度意外，韋粲被侯景偷襲得手，與自己兄弟幾乎全部命赴黃泉。得知韋粲深陷絕境的柳仲禮，奮不顧身衝向戰場前線，手刃數人後還差點要了侯景的命——可造化弄人，改變歷史的一刀此刻卻從他肩上砍來，侯景的部將張化仁差點結束這位南梁帝國第一戰力的性命。

柳仲禮靠著部將拚死保護，才狼狽逃回帳中，此後柳仲禮彷彿靈魂瞬間被抽乾，整天神情渙散享樂酒色中，聚集妓女樂隊沒日沒夜歡騰。

他父親柳津當時被困於金陵城內，難以置信兒子居然墮落至此，於是站在城頭高喊：「京城危及到這地步，你的君主、父親都在受難，你卻不能盡力，未來世人會怎麼說你？」但就連這樣的喊話，好像也無法改變他往墮落的方向一路狂奔。

最令人失望的，就是皇帝蕭衍的自家人、曾被當作太子培養的蕭正德，這個身上流著高貴血液的皇室成員，居然在整起變亂中，都在給帝國叛徒輸送物資、偷開城門、製造混亂。

浩劫之初，金陵閉城之日，「**男女十餘萬，擐甲者二萬餘人；被圍既久，人多身**

腫氣急，死者什八九，乘城者不滿四千人」⑩，最後橫屍滿路、爛汁滿溝，甚至造成史上首次有記載的瘟疫大流行，貴族也幾乎在變動中死亡殆盡。

五四九年（梁武帝太清三年），侯景正式攻破臺城（宮城），而後再次屠殺高門大戶，繼華夏第一帝國經歷八王之亂後，侯景再一次給貴族階級帶來覆滅之災。

從此之後，南朝時代的天龍國千里煙絕，人跡罕見，也因為這場戰爭讓北方力量徹底壓垮南方，加速了侵略戰爭與第二帝國建立的時程。

⑩出自《資治通鑑．卷一六二．梁紀十八》。

歷史情境對話站

1. 富二代往往對於自身擁有的資源視之理所當然，如何能夠維持一個家族的不倒不墜，應當採取什麼教育？
2. 侯景之亂翦除了華夏第一帝國遺留的貴族社會，這對後來的歷史發展是正面大於負面，還是相反？貴族階級不存在，能否使一個國家進步？

延伸關鍵字　想知道更多，請搜尋——

#北府兵　#阮佃夫　#戴明寶　#王倖　#朱異　#陳霸先　#王僧辯

#淝水之戰

【10】

制度一久就會生鏽，科舉如何成為帝國的雙面刃？

「天下英雄，入吾彀中矣！」
——唐太宗李世民

歷史小檔案

登場人物

武則天、李白、王安石、朱熹

發生年代

7 世紀～ 19 世紀

國際上正發生

- **西方世界**：歷經了宗教時代到逐步啟蒙的過程，封建體系的瓦解也讓新形態的國家與官僚體系出現，專業的取才制度，讓西方在法國大革命❶之後，穩固了強大的根源。以正確方法找到正確人才並且擺在正確位置上，更是加速了第一次工業革命❷後西方越發強大的基礎。

科舉，這一套被伏爾泰大為讚譽的體系是如何建構的，而這個締造出華夏第二帝國時代強大傳說的根源，何以變成了清帝國滅亡前立憲運動特別檢討的重點？而又有一說，清帝國的滅亡與廢除科舉脫不了關係，究竟科舉制度是正面還是負面？它真正的價值又在哪裡？

但凡是人類所建立的制度，就一定不可能完美無缺，無論有多豐富的過往經驗、知識量與討論，也都只能找到一套暫時可用的解決方案。短則應付眼下，長則行之有年，而且任何方案都存在正負面的兩個效果，利大於弊時就能施行，一旦弊大於利的轉折點出現，當權者就要有勇氣與足夠的智慧察覺，並且按下暫停鍵。

如果說高門子弟有腐敗的可能，寒門取士又可能誕生出第二個劉裕，甚至此後重

❶法國大革命：發生於一七八九至一七九九年，由法國人民發起，推翻路易十六與君主制，改行共和體制。與英國工業革命並稱「雙元革命」。

❷第一次工業革命：指一七六〇至一八四〇年間，英格蘭地區以機械動力逐漸取代人力生產的過程。

蹈南朝弄臣們的覆轍：這群沒有帝國公司股權與背後勢力羈絆、一朝得勢的寒門子弟被權力腐化後，可謂光腳的不怕穿鞋的，墮落的速度與掌權的野心，更是會拉著整個國家一同搭上「屍速列車」。

那具體而言，到底能用何種方法找到國家需要的人才呢？除了同時要保障整體社會有足夠的上升之階，又希望進入朝堂中樞的人可以真心對社稷有幫助，而非單純協助君主集權，還以此謀取私利。

科舉，古代最大徵才網上線啦！

這是華夏第二帝國從戰火裡要站起來第一個要解決的問題。首先，隋、唐帝國幾乎系出同源，都來自於關隴軍事貴族集團，在楊堅下令楊廣征服江南以後，楊廣就已經開始思考如何透過與南方的力量更充分結合，以平衡帝國權力過度集中於西北軍方手上的局面。

但如果沒有辦法將取士方法制度化，很容易出現人亡政息的局面；於是隋文帝在登基第七年（五八七年）時下令各州必須「歲貢三人」，應考「秀才」，這就存在區域平衡的基本理念。楊廣在成為皇帝之後，再增設進士、明經兩個科目，由此一套沿用千年的科舉體系雛形逐步打造完成。

其實在隋帝國剛完成對長江流域征服時，國家的離心力還非常強大，四百多年的大分裂也已形成慣性，且南北歧視與摩擦還非常嚴重，站在統治者角度當然希望彌合過去因政治需要而對彼此的抹黑。

其實早在北魏孝文帝當政時就曾說過：「江南多好臣」，來自南方、趁北魏陷入內亂時征伐到洛陽的白袍將領陳慶之也曾感嘆：「**始知衣冠士族並在中原**」❸。

由此更能理解隋帝國進行科舉、且與地方結合的初衷，還是在於彌合國內文化的差異，重新找到共同方向。於是一個無論是貢獻值、甚至連生命週期都極其與秦相似的國度，明明還在新手探索期，卻很快就崩潰於三征高麗的過度消耗當中。但一個體制的崩潰，不代表其所有經驗都不具價值，如科舉就被下一個王朝沿用。

❸出自《洛陽伽藍記・景寧寺》。

武則天是真正的科舉推手

透過考試方式選拔人才，其實對皇帝本人是最有利的。其中直接遮擋不住喜悅之情的代表就是唐太宗。在五代的文獻上，曾記錄一次唐太宗賜新進士派對歡慶結束後，進士們一個個離開，太宗目送之餘，興奮說道：「**天下英雄，入吾彀中矣！**」❹

站在真正的社會菁英角度來看，透過科舉能完成社會階級躍升，是不必豁出生命就可以往上爬，並能出將入相的另一種戰場，可算是相當划算的一筆交易。而對統治者而言，這些在科舉考試場上的菁英分子，若不來考試，也很可能潛伏在地方形成擁有不可限量影響力的豪族，輕則割據地方、嚴重點也可能成為推翻帝國的革命者。

而真正能使得科舉制度得以落實，最大的關鍵在於武則天。隋唐帝國能夠逐步從關隴色彩濃厚的政治力量中脫身，直到暫時消除與河北地區的對立，跟很不關隴的武則天獲得最高權力有關。

武則天的上位之路，是一條由關隴貴族的血鋪成的羊腸小徑，她的丈夫李治為擺脫舅舅長孫無忌等人的控制，遂透過廢除王皇后、改立武則天的過程，逐一翦除了軍功集團與凌煙閣大臣。畢竟這位王皇后的祖上，就是曾經的西魏塔防大師，在玉壁城下多次阻擊東魏高歡的王思政。讓這些武川軍政集團、關隴新興貴族繼續透過婚姻來控制國家當然不公平，但是新選拔上來的人才，是否真的就能滿足帝國需要？

出頭天的偷吃步：干投行卷、終南捷徑

武則天所重用的人才、以及培養的年輕才俊，後來幾乎到了唐玄宗開元年間都有開花結果的正面影響。然而選舉人才的依據是什麼？選出的官員是否能符合最初的期待，還有怎麼做才能避免年輕才俊被官場腐化，這就成了科舉時代的問題。早年在貴族時代，官員跟政府有著合夥人的關係，即使人性免不了有腐化墮落的一面，但站在維護既得利益的立場，官員的腐化墮落與行政效率間還是會保持一種微妙平衡。

科舉所選出的官吏，工作性質不但勞累且危險性又高，與雇主（皇帝）間的關係

❹典出五代漢・王定保《唐摭言・卷一・述進士上篇》。

雖然表面上親近（科舉官員號稱天子門生），但沒有入股又浮動的職位調度，也容易產生離心力，如果無法庇蔭後代繼續享有特權，實在是份吃力不討好的工作。

舉例而言，在北齊時代有個帥哥王爺蘭陵王高長恭，曾經齊後主高緯就問過這位叔父：「你在洛陽、邙山大戰北周數十萬部隊的時候，為什麼敢身先士卒衝鋒？」高長恭就很帥氣地回答：「因為是家事，所以全力以赴。」相反地，在安史之亂爆發的時候，大唐開國的重臣薛仁貴之孫薛嵩，就因一點好處都沒得拿，便堂而皇之地出現在安史叛軍當中。

而更麻煩的是，考試標準很難統一，所以主考官擁有極大的「自由心證」，這就讓許多有意於仕途的學子用盡各種方法，一稱之為終南捷徑，一稱之為干投行卷。

◆終南捷徑

但凡是人，都會以為自己能夠理性客觀，但實際上我們非常容易受到宣傳、謠言、廣告影響，進而對一個產品有先入為主的印象，古代更是。所以有些學生、才俊選擇躲在深山，以此來形塑自己是個隱士人設，而終南山由於距離長安不遠，因此在這裡「養望」的人越來越多，名氣也容易傳到京師，由此有了上終南山是為了幫自己在官場找到捷徑的說法。

◆干投行卷

干投行卷則是更為直接暴力的自我推薦，李白、白居易、李商隱都做過這樣的事。像是當初為了拜會吏部侍郎韓朝宗，李白寫下了：「**生不用封萬戶侯，但願一識韓荊州**」這樣令人肉麻的字詞；而白居易雖然很有才華，也必須先把自己的文章給名士顧況看過，以此來奠定自己文壇的地位，這還留下了著作郎（官職）顧況看到他名字，小小地幽了一默說：「長安居大不易」這樣的故事。於是善於自我炒作、家族背景擁有人脈的學子，就比較容易從當下的官員選拔制度脫穎而出。

然而唐朝做官的途徑多元，不只世族子弟能通過蔭襲制度[5]入仕，寒門亦可懷牒自列[6]，這使得純粹寒門弟子與靠家族背景的官員這兩股勢力，在晚期朝廷中逐漸趨向平衡，然而此平衡的出現，卻又是國家另一場災難——牛李黨爭。

---

[5] 蔭襲制度：一種特權制度，根據高位者位階，受予其子孫及近親等一定位階。由此制度得來的位階稱為蔭階。

[6] 懷牒自列：指科舉時，自行向州縣報考應試，若合格則可上京應試。牒：記載家世的薄木片或竹簡。

到了宋帝國，為了要避免人為因素干涉，這才有了把名字遮起來的糊名制度，並且避免主考官分辨字跡，進而把整份考卷重新謄抄的方式。這使得宋帝國的科舉成了歷代最為標榜的一套系統，特別是到了王安石變法，他覺得過往強調詩、賦的寫作方式，會發生只重形式而不重內涵的問題，於是當時流行的各種儒家學派都能在考場上大放異彩，但又會產生新問題：到底以誰的學說、解釋作為標準？

八股文制度帶來生態浩劫，「天罰」終於降臨

這個問題在宋帝國滅亡之後變得更加尖銳，新生統治者決議以朱熹解釋經書的《四書章句集注》作為參考，並且將考試的敘述方式分成八個部分，這就是有名的八股取士。標準確立了之後，不得不說其實八股文取士的結果非常好。明帝國初年的傑出人才，如：橫跨仁宣之治的三楊內閣、大才子解縉、拯救帝國於危難的兵部尚書于謙，都是出自這套取才方式。

但在農業時代，或許人類文明的演進非常有限，制度、科技、思維都沒有太大的

變化，宋帝國宰相趙普曾言：「半部《論語》可治天下」也反映了這一點，能夠將五經讀熟，大約就能處理帝國當時的各種事務，所以整個社會的需求與價值觀藉由八股文來規範，是相當合理且高效的。

但當整個社會猶如無菌室，沒有其他聲音、思維的生存空間時，一旦面對新挑戰的到來，就好像自然界失去了生物多樣性，那一次疫情就可能會是整個生態系的浩劫，因為大家的基因沒有差異，那就很容易被「天罰」一口氣全部帶走。

而這個新挑戰，指的就是工業革命後，擁有新思維、新武器、新制度的西方帝國出現，而此時東方帝國還在以八股取士的舊人才與舊思想來應對，這也就是滿清末年會呈現那樣顢頇又愚蠢窘態的最主要原因。

明帝國毀滅主因：明明開汽車，駕訓班卻考騎馬

當科舉、八股協助了獨裁社會建構更穩定的意識形態後，也同時帶來恐怖的副作用：縱使出現不同思想，也只可能成為「異類」而被排斥，當社會難以產生對話與化

學變化，就會被強行物理消滅。

這就是明帝國雖然有王陽明這樣優秀的思想家，對整體社會也存在極大影響，但卻無法改變官僚機構與在上位者的政策調整，最終仍然是以朱熹這樣一個生活在十二世紀的人思維作為社會綱要的原因。

強行要求十九世紀的人來學習模仿舊思維，就好像要求汽車駕訓班強行考怎麼騎馬，那馬路上到處都是三寶，也真的不能怪馬術教練，責任的確不在朱熹身上。

當《儒林外史》諷刺無數讀書人為求當官的醜態，甚至科舉也變成了清末檢討國家不振的病因時，加速廢黜八股取士，幾乎成為了極少數統治階級的主流意識。

但是當真的粗暴地摧毀這套千年形成的體系時，靠著這個系統選出的官吏以及正在準備考試的學子，這群帝國中樞瞬間喪失了晉升管道，於是最高統治者與潛在既得利益階級瞬間矛盾升級，進而加速國家的滅亡。

統治，絕對是自古以來最需要技術維持的系統。統而不改則腐敗，但治而不思則殆，科舉這把原本對帝國而言最好用的寶刀，最後也成為了專制國家的雙面刃。

歷史情境對話站

1. 科舉如果真的完美無缺，日本為什麼在學習諸多華夏帝國體系的過程裡，並沒有沿用科舉制度？
2. 臺灣的大學考試其實也存在諸多爭議，有什麼方法是能夠更加公平、更加沒有爭議的做法？

延伸關鍵字　想知道更多，請搜尋——

#關隴軍事貴族集團　#關中本位政策　#干投行卷　#王安石變法

#荊公新學　#程朱理學　#陽明心學

Chapter 3

財政改革潮來了！水退了才知道誰沒穿褲子

從古至今，統治者最煩惱的莫過於：要從哪裡生出錢來富強國家？從土地制度翻新到各種變法改革，唐玄宗、張居正、王安石，誰能寫出屬於中國的《國富論》？

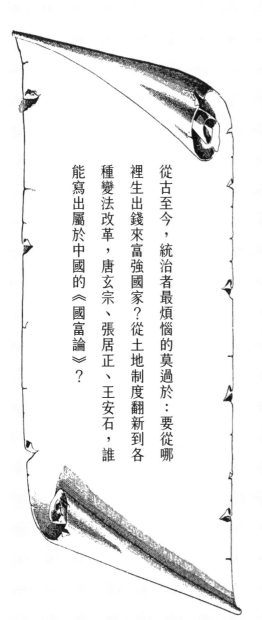

【11】

五胡亂華，是物競天擇或有人德不配位？

「幸福的家庭都是相似的，
不幸的家庭各有各的不幸。」——托爾斯泰

歷史小檔案

登場人物

劉淵、石勒、石虎、苻堅、慕容垂

發生年代

4 世紀～ 6 世紀

國際上正發生

- **羅馬帝國**：已開始分裂，並使用「四帝共治制」統治帝國。「蠻邦諸國」反而在此時成為羅馬秩序的維護者，有意思的是在羅馬進入戴克里先退位的後期，因各地都有將領擁有凱撒頭銜。

  308 年，西部凱撒（副帝頭銜）君士坦丁、掌有義大利本土的西部奧古斯都（正帝頭銜）馬克西米安與馬克森提烏斯、占有今天克羅埃西亞的李錫尼、巴爾幹半島上的伽列里烏斯、擁有埃及的馬克西米努斯、阿非利加行省的非法皇帝多米提烏斯，及仍在人間且頗有影響力的戴克里先本人，帝國國土上剛好有八個皇帝。

  而 306 年的東方大地上，八王之亂則剛落下帷幕。

五胡亂華看似是華夏土地最黑暗的階段，實際上，這不過只是加速展演每一個王朝興衰的過程，儘管異民族的統治當然存在一定問題，可最終苦果也是自漢帝國以來持續過度擴張導致。老子認為：「小國寡民才是最好的統治模板」，或許也可印證在這個人人追求統一、卻實際流血遍地的悲劇年代。

在華夏第一帝國即將步入陵寢的時候，異民族掙脫統治枷鎖的節奏越發頻繁。對整個中原政權來說，東北、西北兩角向來都是政權存亡的關鍵，尤其是西北地區，周、秦、漢、隋、唐，甚至是後來的共產帝國，都是從這裡發跡；而最後一統江山的政權——東北，則是遼國、金國、清國後來入主的通道。

五胡到底怎麼亂華？

西晉年間，在天下西北角的涼州早已經烽火漫天，先是有鮮卑人禿髮樹機能不滿晉帝國統治而起事，兩次殺死涼州的最高長官，甚至動用到後三國最強的文鴦❶加上馬隆❷才平定，後又有氐人齊萬年在這裡稱帝，繼續動搖帝國的根基。

這其實是一個很不妙的警示，如果把晉帝國當成是一個以河南為中心的真中土政權，這些「邊陲」的暴亂，就是一個超強的不穩定信號。但其實這個地雷也不是司馬家自己埋下的，早在東漢時代，許多北方州郡就已經有大量異民族居住，而往往漢人跟他們因為生活習慣和文化上的不同，時有衝突。

而西晉帝國的官員江統當時想到的解決方法是：把這些胡人都遷離。此舉大有後世清帝國統治臺灣時，覺得可以畫一條線，就把原住民都趕過去就可以一勞永逸、避免問題的天真感。但最可怕的是，即使是最幼稚的解決方案，都好過現下的束手無策，然而西晉並沒有採取這套方案，而是繼續坐看問題惡化。

驚不驚喜，漢朝被借屍還魂啦

劉淵是一個身上流淌匈奴血液，而且早早就表現出野心的政治領袖，他的父親曾經是匈奴的左賢王，母親則是源自漢帝國公主的尊貴血脈，因匈奴以母族為貴，故以母族劉為姓氏。年輕時他就因為學習各種儒家經典與熟讀漢書，對帝國體制與各種掌故都很精通，並且立志要成為文武兼修的存在。

後來，這名大有可為的青年以臂力過人、出口成章而聞名於洛陽的世族社交圈中，晉武帝司馬炎甚至一度考慮起用這名優秀的年輕人，成為征伐吳帝國的統帥，結果卻被大臣以一句簡單粗暴的話給堵了回去：「非我族類，其心必異。」

有一派人認為劉淵一旦獲得軍隊，並進入長江流域後就很可能在南方割地為王，趁機脫離帝國的控制。而齊王司馬攸更是過分地建議司馬炎：這傢伙如果留著，萬一哪天回到故鄉并州還有可能起兵造反，不如就防範於未然地將他除掉。

至少在這段出自《晉書》的紀錄可以看到一個事實：你們對異族的防範根本就是在抱薪救火，覺得人家可能會背叛你，所以找各種藉口要消滅對方，但同時又人格分

❶文鴦：魏末晉初名將，歷仕魏、吳、晉勢力。晉時期大破鮮卑、羯有功。後被東安王司馬繇指控謀反，在八王之亂中被夷滅三族。

❷馬隆：三國時曹魏武官，後來入仕西晉，協助平定涼州的叛亂，並鎮守涼州十多年。

裂地對人禮遇優待，讓這些人可以在帝國核心累積自己的政治資本，但凡你下手狠點、或者好人做到底，可能都不會後來把這群人推到對立面、又不得不與之交手。

西晉末年八王之亂爆發後，中原地區陷入嚴重的內亂紛爭，劉淵原本隸屬於成都王司馬穎麾下，但見這位主公神美而智昏（長得帥但智商不足的意思），於是落跑回家鄉招兵買馬，觀望天下局勢變化。

果然沒多久，他這位智商不足應付亂世的前老闆就遭逢重創，劉淵眼看時機成熟，決定在草原上聚攏部落稱帝，而且以漢室正統自居（史稱前漢、前趙或漢趙）。

有點黑色幽默的是：一個出身自幾百年來與漢室劉家血戰數百場的匈奴人，居然成為了漢朝之後漢室劉家各種有形、無形資產的繼承人。看吧，歷史就是這麼風趣。

亂世王朝：無聊，我要看到血流成河

可惜劉淵在世時，並沒有機會看到王師「收復」兩京的名場面，這個重責大任會由他的兒子輩劉聰完成，這個大漢帝國最光榮的瞬間，就在劉家的冠冕正式回到了長安、洛陽的那一剎那。

只是就西晉這邊看來，這可以說是亙古未有的恥辱，史稱「永嘉之亂」，戰亂當然伴隨著大量的屠殺、平民之間易子而食的悲劇。

但往後這樣的情景還要繼續上演，劉淵的孩子們在創業近半的時候，就忙著各種內鬥、分家產而使得王朝中道崩殂，取而代之的是奴隸出身的羯族人石勒。

石勒是八王之亂中崛起的亂世軍閥，當時統有匈奴漢帝國的東部領土，在劉家被自己人殺得血流成河的時候，他帶著大部隊進入洛陽，遂有天下大半。

石勒後來在與劉曜決戰洛陽時，因對方飲酒過量指揮失當，最終屠滅敵手五萬大軍，成功成為北方新霸主，建立後趙帝國。

只可惜這個帝國後來所託非人，石勒臨終指定的託孤大臣石虎，成為了比霍光、伊尹更加利慾薰心的陰謀家。

年少時，戰功彪炳的石虎就以屠城而聞名，每打下一座城市都要將男男女女送入地獄不可，人格扭曲的他，最後也害死了石勒的親兒子石弘，以宰相之姿篡奪了江山，於三四九年登基，成為著名的一代暴君，史稱後趙武帝。

瘋起來連自家人都殺的皇帝，讓大家苦不堪言

或許是因為石虎患有精神方面的疾病，這位史上對自己親骨肉最慘絕人寰的統治者，不但連殺了自己兩位太子，而且皆以株連方式，連帶孫子、媳婦通通挫骨揚灰，不知道是有多大的恨，才有辦法這樣對待與自己有血緣的親族。

如果他對自己的孩子、孫子都可以這麼殘忍，對百姓就更是不用說了，常為了一句讖語，就動輒勞役數十萬人修築宮室、準備作戰物資，許多人不堪重稅、苦勞，以《晉書》原文所載：「**百姓失業，十室而七。船夫十七萬人為水所沒、猛獸所害，三分而一**」，想想，這是一個多麼悲慘的人間煉獄景象。

或許是因為石虎身為羯族，且身處在多數主體民族為漢的北方進行統治，才埋下根深蒂固的不安全感，但透過這種近似滅絕種族的行為進行竭澤而漁式的管理，勢必讓政權難以長久。

石虎過世後，國家迅速陷入混亂，他手下的大將冉閔為了得到更高權位，於是巧妙利用了民族間的仇恨，在黃河以北的廣大統治範圍內下達了「殺胡令」，無數慘案再次爆發於這片血已經幾乎流乾的土地上。

石虎登基後行暴政，不分男女坑殺戰俘、奴役百姓大興土木修築宮殿，為征服東晉，強迫每個家庭超量提供車、牛、米、絹布，未達標準格殺勿論，導致多起闔家上吊事件，屍體綿延幾十里。

冉閔所建立的魏國政權起自仇恨，也自當被這股力量所吞噬，雖然他本人作戰英勇，甚至被許多當代中國人捧為中華英雄，但這種極端暴力的浪潮也很難承受一次戰事上的失敗。一旦殺紅眼的人忽然被失敗一桶冷水澆灌下來，不但作戰能量盡失，連意志也會流散。

最後在三五二年（永興三年），冉閔與鮮卑人建立的前燕政權交戰，在慕容恪指揮的當下，致使冉閔在河北廉台一戰敗北，被俘虜回今天的遼寧斬首。

長壽電視劇完結篇：五胡十六國的終結

慕容家以人帥、人才輩出聞名，以至於《天龍八部》中還要塑造這個皇室貴冑之後慕容復這樣一個武功絕頂的高手。然而，這個家族也是內建嚴重的內鬥基因，在天才慕容恪離世後，前燕迅速陷入混亂，最後被氐人苻堅的前秦帝國併吞，苻堅登位後稱大秦天王。

前秦帝國之強大，在於當時放眼整片華夏大地，無論對手是誰，前秦都是絕對的碾壓局。苻堅用人以海納百川為準則，對於任何戰敗勢力都能夠吸納甚至重用，例如，他能以羌人姚萇擔任自己的龍驤將軍。

龍驤將軍是苻堅尚未靠政變手段當上皇帝前的職位，而他還非常超過地跟姚萇說：「你要努力啊，我以前也是龍驤。」

而前秦最重要的戰略規劃大師，則是曾經跟東晉名帥桓溫有過對話的漢人王猛，稱王猛為苻堅的諸葛亮一點也不為過，在他的謀略下，前秦完成了北方一統，並以泰山壓頂之勢威逼東晉。

但凡事過猶不及，苻堅這種人人好、又不加以防備的心態，終於在他淝水之戰敗於「風聲鶴唳」、「草木皆兵」後，嘗到了最苦澀的結果。

先是遙遠的隴西鮮卑人乞伏步頹造反，再來就是放虎歸山的慕容垂，建立了新的燕國政權（後燕），還有他原本以為自己寵愛有加、絕對不會造反的小男寵慕容沖也率兵造反，更慘的就是他親自勉勵過的姚萇，居然逼迫他交出玉璽，建立了後秦。

牆倒眾人推還不是最慘的，慘的是，苻堅曾經對他們各自有不同的恩情在，卻遭到了這樣的反制。而北方大地不但是數十萬戰士命喪淝水戰場，四分五裂的格局帶來的，又是無比殘酷的戰鬥持續進行。

建立後燕的慕容垂雖然終生征伐幾無敗仗，但這個戰神基因卻沒有讓他那愚蠢的寶貝兒子慕容寶繼承一星半點。在慕容垂晚年，他將帝國主力交付給太子寶哥，要他去征伐在北方崛起的拓跋鮮卑，不料在參合陂一戰被對手全殲。

擁有優勢兵力的北方霸主此後瞬間由盛轉衰，站上歷史舞臺的新男主角叫做拓跋珪，而後他所建立的帝國，就是稱霸北方百餘年的北魏。

至此，十六國的輝煌時代基本告終，歷史步向了胡漢對峙、戰爭也沒有減少的新時代——南北朝。

天災，是一場天然大型淘汰賽

如果說，天下的治亂、盛世還是衰亡，都與君王的人格特質無關，而是與資源環環相扣呢？如同唐太宗李世民跟隋煬帝楊廣的歷史評價天差地別，但唯一的不同，只是他們身處的時代、人口結構、天然資源條件不一樣而已？

提出這個觀念的，是十八世紀的學者洪亮吉，他認為天下的動盪根源，都與分配資源不足有關，當人口成長到紅利消失的臨界點之後，隨之而來的就是土地不夠耕種、房屋不夠居住的問題，因此要怎麼調控人口，就成為君王很重要的課題。

他更明確地點出，其實也可以靠自然界的力量來「調節」人口。

「天地有法乎？曰：水旱疾疫，即天地調劑之法也」。——〈治平篇〉

意即天災其實就是避免人口過多的一套解方。如果人口能夠控制在一個數量內，就能避免社會動盪，甚至是戰爭的發生。聽起來似乎非常冷血無情，但其實對照後來的英國學者馬爾薩斯的《人口論》（*An Essay on the Principle of Population*）❸兩者卻有高度的相似性。

綜觀五胡十六國，血腥的戰爭與屠殺不斷進行，固然有石虎這樣個別「出類拔萃」的領袖，但實際上讓戰爭持續百年的原因，恐怕與天氣變化、戰爭導致可耕地面積縮小、勞動人口過剩到可能威脅政權統治有關。

---

❸《人口論》（*An Essay on the Principle of Population*）：為馬爾薩斯於一七九八年發表的著名理論，重要理論為在人口以等比指數增長，而糧食生產率卻以線性指數增長的情況下，除非人口出生率下降，否則容易導致饑荒與戰爭發生。

於是，一個最惡劣的壞循環持續運轉整整一個多世紀，庸懦統治者無力駕馭萬民、也無從徵稅，卻恐懼著被統治者起事，發動一輪輪對外戰爭與對內的壓榨，直接物理消滅可能動搖自身統治基礎的人民。但結局是「**時日曷喪？予及汝皆亡**」❹，即使君王像是太陽，憤怒的百姓最終也寧願跟他玉石俱焚。

在工業革命未能開始前，華夏大地就是不斷地在治世、亂世的天然循環裡掙扎，若沒有辦法改變生產模式，糧食的量其實就是一個定值，當盛世滋生人丁過多，戰爭與變亂就隨時會到來。

唉，這個話題就跟金城武的帥一樣，實在太沉重，只好來個輕鬆的小結尾：這位把帝國專制時代最黑暗的人口循環邏輯講得通透的學者洪亮吉，有一個重量級的後代，他就是功夫巨星——洪金寶。

❹出自《尚書．湯誓》。

歷史情境對話站

1. 假如此一階段，五胡沒有進入中原地區，會不會因為晉帝國高層的內鬥，同樣在黃河流域出現群雄紛爭？

2. 五胡當中建立的政權，以前秦帝國最具統一王朝的規模，假如是苻堅在淝水之戰勝出，他的帝國會有後來隋唐的氣象，還是仍然脫離不了短命王朝的詛咒？

延伸關鍵字　想知道更多，請搜尋——

五胡十六國　# 司馬穎　# 冉閔　# 拓跋燾　# 淝水之戰　# 姚萇

#〈治平篇〉　#《人口論》

#【12】

越來越多 bug 的均田制，差點毀了唐朝

「我們必須接受有限的失望，但是千萬不可失去無限的希望。」——宗教改革家 馬丁・路德

歷史小檔案

登場人物

孝文帝、馮太后、武則天、李隆基

發生年代

5 世紀～ 8 世紀

國際上正發生

- **法蘭克王國**：掌管墨洛溫王朝的克洛維一世❶逐漸成為歐洲秩序的維護者，然而國際的教皇力量與國內卿相奪權，使得丕平逐漸擁有更強的影響力。最終丕平在教宗與法蘭克貴族的幫助下，於 751 年推翻墨洛溫王朝，登上王位，創建卡洛林王朝。

棋局的精采在於犧牲局部，才能獲得最終勝利。在經歷關中大饑❷後，原本看似絕望的宇文泰透過心腹蘇綽制定的府兵制，以及北魏王朝的遺產均田制相互配合，最後用這兩把無形的寶刀，在接下來的爭霸之中脫穎而出，甚至成為隋唐帝國開創者仍然歷久彌新的獨孤九劍❸。但當人口越發膨脹，迫使唐帝國取消這兩項制度後，開始透過彍騎增加自身武裝，卻也不小心培養出了帝國的掘墓人——安祿山。

在過往的極權社會裡，改革除體制變更外，更是原本的既得利益者重新分配權力的洗牌過程，平民若有幸獲益，只能說是極少數的外溢效應（spillover effect），大部分的福國利民只是為了提升改革合理性，不過純屬政治口號，幾乎沒有真心。

❶克洛維一世：法蘭克王國的奠基者，創下征服高盧地區、統一法蘭克人等壯舉。
❷出自《資治通鑑．梁紀》：是歲，魏關中大饑，人相食，死者什七八。
❸獨孤九劍：金庸作品《笑傲江湖》中由獨孤求敗所創的劍法。

北魏除漢化外，均田制大大影響了後世經濟

北魏孝文帝拓跋宏的改革長期毀譽參半，而且在濃厚民族主義氛圍下，往往只強化他「漢化」的努力，而無視其實經濟制度的改變才是此次變革的重點。

另外，北魏其實對於周遭國家的影響力也是極為深遠的，日本曾有一度將首都的名稱命名為平城京，與後來京都被稱為「洛」，便是「致敬」大唐東都——洛陽，有異曲同工之妙。

而有意思的是，推動這一串漢化改革的巨擘，恐怕是當時真正握有實權的當今太后馮氏。

北魏效法漢武帝傳位給幼帝劉弗陵的同時，因擔心其母族為亂，所以處死新帝母親鉤弋夫人的舊例，將所有太子的生母都誅殺，稱「子貴母死制度」。而馮氏十四歲時，嫁給了文成帝拓跋濬並成為了皇后，儘管自己無子，然而在太子拓跋弘的母親被賜死後，她便成為了當之無愧的一國之母。

馮氏的私生活跟功業一樣精采，由於丈夫文成帝年僅二十五歲就撒手人寰，使得馮氏的感情需求就交給了後來的臣屬和男寵滿足。這一點在後來與自己沒有血緣關係的兒子拓跋弘爭權時，形成極度緊張的局面。

登基後稱獻文帝的拓跋弘，甚至為了讓馮氏少干預朝政，用毒酒鴆殺了馮氏的情人宿衛監李奕，以期待達到敲山震虎的效果。但這種不講禮義的行為，反而引爆馮氏內心一個可怕而大膽的計畫。

她照貓畫虎地也用了毒酒將拓跋弘毒殺，再扶持跟自己沒有血緣關係的小皇帝拓跋宏上任，這位就是前頭提到的北魏孝文帝。

而在最高權力陷入血色內鬥的時候，至少他們在處理國家大政問題上還算有良心，選用了一套足以應用數百年的制度——均田制。

均田制的崩壞，與唐朝的興盛程度成正比

均田制的影響，有點類似商鞅變法對秦帝國的改變。秦朝透過軍功爵制把帝國打造成一臺人人思戰、並且從中可以獲利極大化的戰爭機器；均田制則是瞄準北方因為戰亂留下的大片荒地，由國家將田地分配，鼓勵流民來定居、耕作，而這套體系還達

到那個年代可以想像的男女平權，無論男女皆可由國家授田，一方面鼓勵生產農作、也一方面促使人口增長動力提高。

這個立意良善的改革，其實也間接將北方帝國打造成戰爭機器，中央透過授田，掌握地方戶口，進而可以打造出中央直屬的府兵制，讓平常耕作的農人在戰爭到來時，得以徵調為保家衛土的士兵。

而對於隋唐兩個武德充沛的帝國而言，擴充領土意即獲得更多可以分配的田地，進而能夠養出更大量的府兵，這樣的循環持續之下就可以讓國家版圖擴大、獲得軍力補充並且增加財政稅收。

但任何體制還是都存在使用期限，而且可能跟傳統印象中，府兵制是敗壞在安史之亂不同，早在唐初年、還是極盛時期，府兵體制就已經出現了問題。像是唐太宗在對高麗喊著「我現在要出征」的時候，府兵早就已經不夠用，必須要再另外募兵，這原因也可能是隋末亂世，讓關中為主的府兵體制被破壞過一次，又有人口流失，以至於即使是貞觀盛年，也無法有效進行調度。

而且，這種平常務農、戰爭的時候才調度的做法，給了這些府兵大量的「彈性」空間，像是在《新唐書．卷五十》就曾提到：「**自高宗、武后時，天下久不用兵，府**

兵之法寖壞……衛士稍稍亡匿，至是益耗散，宿衛不能給。」❹

透過這段文字，我們也可以思考，為什麼府兵敢逃，還有為什麼府兵要逃？「敢不敢」的關鍵在中央力量能不能有效控制地方，如果我選擇逃兵的成本極低、隱匿戶口的狀況普遍，這就會讓士兵產生「敢」的心態；至於為什麼要逃？敦煌出土的一份武則天時代的戶籍文書就很能說明問題。

在這份文件上，本應受田二百七十畝的家族，實際上拿到的土地不到五分之一，一個叫劉感德的老翁本應得到國家給予五十一畝土地，國家硬生生一畝都給不了；趙玄義表面上稍微好一點，國家還給了他十一畝地，但一細看，他家可是有六口人，應受田數為五十二畝❺。

本該給的田卻給得如此吝嗇。換句話說，唐帝國雖然表面上還有著天可汗的氣魄，但其實早已中氣不足，內裡更是糜爛。

❹意即：逃避兵役的人越來越多，甚至皇帝宿衛親兵的數量都不足。

❺參考資料：霍俊江《中唐土地制度演變研究》。

來到武則天的時代，此時她的主要工作已經不再是對外作戰，除了內部矛盾問題迫在眉睫，這位一代女皇所展現當仁不讓的大女主氣勢，足以成為大唐宮廷往後的尋常風氣。

在武則天被迫還政於李唐的神龍政變❻之後，帝國的女主人們留下的事蹟同樣精采：先有韋皇后大權獨攬，而她的女兒安樂公主也不遜色，威逼唐中宗立自己當皇太女不成後，又與母親用一塊有毒的糕餅送了唐中宗上路。

而太平公主對於權力的渴望與野心恐怕遺傳母親武則天最多，七一〇年（景龍四年）七月，她與自己姪子，臨淄王李隆基聯手剷除了這兩位礙眼親戚，史稱唐隆之變。而後太平公主晉封萬戶，權傾一時。

唐朝的權力動盪終結，得等到小時候就有當代曹阿瞞之稱的李隆基連續發動兩次政變❼，甚至直到他成為唐玄宗之後，才終於在表面上獲得了平靜，並且著手處理均田制與府兵制雙雙不堪使用的問題，堪稱當代 debug 大師。

以募兵制取代徵兵制的新時代到來

於是，以募兵制取代徵兵制的新時代到來了，地方將領為了應對不同的軍事變化，也可以在地進行徵調，節度使的權力也得到了擴充，這在開元年間，一切看起來都是正確的決策。

由於募兵制能較為靈活地調度，以及讓節度使有更充分的發揮空間，此制度開始實施後，玄宗皇帝眼前擺著如雪花般飄來的奏摺，上頭寫的分別是：七四五年帝國精銳在北方與回紇（又稱回鶻，為維吾爾族祖先）共滅後突厥，並且在東北屢屢挫敗契丹；西北大軍稱霸西域；率軍與阿拉伯帝國交戰的高仙芝等將領大有斬獲；哥舒翰夜帶刀，在西方大敗吐蕃，使敵人不敢過臨洮。

然而，在北方帝國營運了兩個世紀的舊體制一經轉型，必然一定會引起原本已經

---

❻神龍政變：又稱神龍革命、五王政變，是七〇五年（神龍元年）太子李顯、相王李旦、太平公主、宰相張柬之、崔玄暐等大臣發動兵變，逼迫武則天退位，復興唐朝。

❼分別為：七一〇年唐隆之變與七一三年平定太平公主叛亂的先天之變。

形成慣性的社會出現動盪不安，邊地將領得到了更大的權力之後，中央的力量也在加速削弱。

在那一連串捷報當中，我忘了提到在東北那位能夠對契丹打出完勝戰果的混血將領，他的名字叫做：安祿山。

歷史情境對話站

1. 哥舒翰跟高仙芝的下場極其淒慘，很多人將他們的結局歸咎於唐玄宗已經年邁昏聵，所以無法做出正確的決策，抑或他們只是唐玄宗野心下的犧牲品？你支持哪個論點呢？

2. 唐玄宗終結了一個時代遺留的幾乎所有問題，最終卻培養出了安祿山這個帝國終結者，我們該怎麼評價這樣一位領導者？

延伸關鍵字 想知道更多，請搜尋——

#武則天 #先天之變 #天可汗 #唐隆之變 #太平公主 #安祿山

#史思明 #高仙芝 #哥舒翰

【13】

安史之亂後，怎麼恢復大唐榮光？

「想出新辦法的人在沒有成功以前，
人家總說他是異想天開。」——馬克·吐溫

歷史小檔案

登場人物

唐肅宗、唐德宗、唐憲宗、武元衡、張籍

發生年代

760～907 年

國際上正發生

- **法蘭克王國**：此時王國已經崛起，從墨洛溫王朝走向更為君主集權的卡洛林王朝。而北方的維京人也已經蠢蠢欲動。
- **西歐地區**：在即將進入千禧年之前，西歐政局已經出現劇烈變化。伊斯蘭教力量在庇里牛斯山蠢蠢欲動，北極圈的氣候變遷導致民族必須南下，一波變相的五胡南進，上演了更加精采的歐洲版本，此後俄羅斯、東羅馬、西西里、諾曼第都將會成為這批南下民族大放異彩的舞臺。

歷史總是在重複自己犯過的錯，第一次是悲劇，再一次就變成了鬧劇。上天其實給過唐帝國的高層好幾次機會，在安史之亂後也有重新強大的可能，如若良好制度可繼續維持，叛變奪權的防範能深化，或許能使大唐再次偉大。儘管唐憲宗完成了五代人的盼望，但最終在服食丹藥及過度倚賴非文官體系的雙重傷害下，釀造了悲劇，也使得天可汗體系自此難以修復，一路崩壞。

以往在教科書上讀到唐帝國的發展，彷彿自安史之亂後，帝國運轉就戛然而止，等著黃巢「我花開後百花殺」的局面來臨，將盛世徹底收拾。可實際上，唐仍維持著天可汗的尊嚴，強撐到九世紀以後。一個國家強盛與否，軟實力也是評斷標準之一，在走過盛唐巔峰之後，仍有白居易、元稹、柳宗元、劉禹錫及後來的大曆十才子❶、晚唐小李杜等詩人在文壇活躍，在文化傳播力上完全不下開元、天寶年間。

❶大曆十才子：指活躍於唐代宗大曆年間，以謝朓為宗的十位著名詩人，此派別講究格律，擅寫五言律詩，風格蕭瑟且超然物外。經考證後，十人為：錢起、韓翃、耿湋、盧綸、司空曙、苗發、吉中孚、李端、崔峒、夏侯審。

◆唐肅宗

然而在硬實力上，唐朝恐怕是有些鳥掉了。在安史之亂後，國家接二連三出現劇烈動盪，首先是皇帝的威信隨著唐玄宗放下首都不管、落跑到西川（今四川）而備受打擊。更抓馬的是，跟著父親一起落跑的太子李亨，在這惴惴不安的氛圍中，竟跑到靈武（今寧夏靈武）即位，為唐肅宗。

儘管出師不利，唐肅宗仍隨即展開一連串軍事調度，試圖回穩大唐根基，而在他任內的確完成了收復兩京、平定叛亂等事蹟。但他妻子張皇后，卻是用毒計殺害王子、陰謀再除太子的大野心家，而玄宗察覺了兒媳不對勁，畢竟他當年能成功當上皇帝，就是靠敏銳發現姑姑太平公主及韋皇后與堂妹安樂公主「意圖不軌」想學奶奶「武則天坐天」。可惜他心有餘而力不足，已高齡七十七歲，生命在此時油盡燈枯。

後來在李亨是太子時就服侍在側的太監——李輔國的主導發動了兵變，誅殺了與他有私怨的張皇后與她想擁立為帝的越王李係，此舉大膽且殘忍，直接害得同時喪妻又喪子的皇帝肅宗過於驚駭，當天就原地去世。

唐代宗

繼位的唐代宗李豫（初名李俶），在王爺時，就曾擔任天下兵馬大元帥，安史之亂後，在戰場就立有收復京城的巨大戰功。然而他後來卻陰溝裡翻船，偏偏在他任內，經歷了一次差點丟失長安的危機。七六四年（廣德二年）十月，曾是朔方節度使的僕固懷恩因為被宦官陷害，決心聯合強盛的吐蕃帝國入侵關中，最後幸得名將郭子儀的部署，唐帝國才保住了自己的首都。

唐德宗

接續代宗坐上皇位的，是一個悲情且最會禍及子孫的皇帝唐德宗李适。他的母親沈氏是華夏歷史上唯一一位失蹤於戰亂當中的皇后。在他即位初期，任用劉晏、楊炎兩位通曉財政稅收的大臣，一改過去帝國的租庸調法為兩稅法❷，使得帝國可以支配

---

❷改租庸調法為兩稅法：租庸調法以均田制為基礎，丁男、中男授田一頃，每年納粟二石，稱為「租」；每年服勞役二十日，或若不服役，每日交絹三尺，稱為「庸」；每戶每年繳納定額的絲、麻等物產，稱為「調」。安史之亂後，均田制被破壞，後被兩稅法取代。實施於七八〇年的兩稅法則是要求人民在現居地登錄戶籍，朝廷以財產多寡為收稅依據，並在夏秋兩季收稅。租庸調法是徵收穀物、布匹等實物為主，兩稅法改為徵收金錢為主。

的收入明顯提升，這也就讓他興起要解決藩鎮之亂的想法。

藩鎮之亂：大家坐地為王，夢回東周列國時代

藩鎮之所以有機會坐大，主要跟安史之亂時這些地方作戰有功的大將、諸侯有關，其中以河北的河朔三鎮❸最有代表性。

其實河北地區反對被關中統治階級壓迫的聲音，在唐初就已經出現端倪，安史之亂時，也以此地為叛唐主力，因此如今的魏博、成德、盧龍節度使們看到中央力量更加衰頹，自然是出現更強大的離心力。

當然其中最具體的展現就是，當身為節度使的父親過世之後，他的兒子與幕僚未請示中央，就直接自己接管過一鎮大權，此舉根本是直接夢回東周列國時代。唐德宗當然不願意坐視這個局面不管，於是在有了財政做後盾的狀況下，決議出兵進攻那些私相授受的節度使們，而且一開始也十分成功。

然而，唐德宗派出去作戰的將領，卻也各個都有做節度使的心，像是名將李希烈

在平定山南東道節度使梁崇義、攻下名城襄陽之後，卻發現朝廷並沒有打算將這座古都讓給他，憤怒之下，他就起兵造反，連帶著河北的幾個節度使也都按捺不住，紛紛稱王。

眼看局面已經四面楚歌，唐德宗先是調動名將哥舒翰的兒子哥舒曜討伐叛軍，結果卻一路兵敗退到洛陽。為解燃眉之急，他又趕緊調涇原節度使的軍隊南下救火。

七八三年（建中四年），涇原節度使姚令言的軍隊途經長安時，原本涇原兵們一直幻想著可以得到陛下的豐厚賞賜，再一鼓作氣為天子南下平亂。

殊不知當時朝廷的犒賞，卻只有一些窮酸且粗糙的飯食，這讓士兵們感到悲憤莫名，都要替你送命了，你給的就這？於是這引發了一場本陣失火的首都叛變，稱涇原兵變。叛軍甚至請出了太尉朱泚擔任領袖，一時間聲勢極為驚人。德宗驚嚇之餘，帶領家人逃到奉天，並且被長時間包圍險些喪命。

這場叛變後，德宗變得更加恐懼文臣、武將，當然也對節度使再也不敢碰一根寒

❸河朔三鎮：為唐朝晚期，河朔地區的三個重要藩鎮勢力的合稱。分別是盧龍節度使、成德節度使和魏博節度使。

毛，於是把權力更大限度地讓給了在過去叛亂時，堅定展現忠心的太監，這自然加深了中晚唐宦官專政的問題。

而頭痛醫頭、腳痛醫腳的唐德宗在柏楊先生❹口中，是個評價極低的豬皇帝，但實在是他所面對的困境，放眼歷朝歷代也堪稱是地獄開局。而德宗本人智商也不低，甚至喜歡透過辯論的方法反覆跟宰相們討論，只是這種決策的風格，在那個更需要魄力的年代裡，顯得有些不合時宜。

豬的基因終結——唐太宗的血脈覺醒！

就在唐德宗人生的最後一個春節，忽然聽到身邊宦官來報，東宮太子李誦已經中風，甚至難以言語。這說起來是超級巨大精神打擊，曾經，這個家庭創下了一個前所未有的神奇紀錄，就是五代天子一起在同一個屋簷下：玄宗、肅宗、代宗、德宗，以及這個中風太子——未來的順宗，然而誰也沒料到這個天下居然還沒託付給李誦，他看起來就扛不住了。

與李誦孱弱病體相反的，是他身邊聚攏了一群能臣幹吏，以老師王叔文為首，底下還有韓泰、柳宗元以及劉禹錫等人。儘管李誦後來以中風之軀即位，但依然與親信團隊們針對中唐的許多民間問題，深入研究後出了具體改革方案，尤其是試圖收回宦官兵權，是為「永貞革新」。大家都在期待，順宗時代可以大展身手，解決豬皇帝留下的政治負債。

但仔細想想，改革是要動到別人利益的，哪有可能一群人在沒有強而有力的老大在背後支持，就能夠把別人蛋糕拿走的道理？

另一方面，急著握權、而不想立刻在皇帝中風的狀況下就立太子的改革集團，也得罪了原本的中立派。於是最終中立派、反對派結合了宦官，再加上外圍的藩鎮諸侯，全體逼迫順宗皇帝將位置讓給太子李純，稱憲宗。由此完成了任內禪位，又稱「永貞內禪」。

新的掌權者自然就把永貞革新黨人全部一網打盡，最後將他們各自貶斥到「千山

---

❹柏楊先生：知名人權作家與歷史評論家，文中提到唐德宗為豬皇帝的評價，正是出自《柏楊版資治通鑑》一書中，第五十六卷的同名書名。

鳥飛絕」的外地，史稱二王八司馬事件❺，進而使帝國進入了憲宗時代。

憲宗是個狠人，在身旁一切力量都將他視作多方角力下的過渡人選時，他用極為精明的決斷力，證明了自己中唐小太宗的能耐。第一年，他就平定了四川方面的軍閥，重用武則天的遠親武元衡為宰相，對於複雜的歷史遺留問題，採取快刀斬亂麻的強硬手腕，先後打服了多鎮節度使。

而這使得成德王承宗、淄青的李師道與淮西的吳元濟，竟然開始有了狗急跳牆的想法。

惹熊惹虎，不要惹到李師道

李師道本人名氣可能還好，但他曾經多次拉攏朝中大臣，其中最有名的就是因為熱愛杜甫的詩，於是把它燒成灰拌蜂蜜吃，期許自己能夠因此寫出跟杜甫一樣厲害作品的張籍。

張籍當時為了不惹怒這個流氓地痞，於是恭敬地寫了一首〈節婦吟〉送給對方，表面上這首詩是在講一個已婚女人忽然遇到另一個王孫公子追求，雖然一開始超感動，畢竟：「**君知妾有夫，贈妾雙明珠。感君纏綿意，繫在紅羅襦。**」看似就離紅杏出牆僅僅一步之遙，但想到自己丈夫還留在明光殿，而且曾經「**事夫誓擬同生死**」，最後只好是拒絕了你的邀請，「**還君明珠雙淚垂，恨不相逢未嫁時**」。

初讀還覺得這首詩莫名其妙，兩個男人在這字裡行間玩起 cosplay 是什麼意思？但仔細套入當時的政治局勢就可以理解，張籍是在表達自己不可能向李師道效力的決心；如果說這種政治上的打情罵俏還別有一番幽默，接下來長安街頭所發生的一起事件，就讓上自天子、下至黎民都無法感到輕鬆了。

八一五年，也就是元和十年六月三日的清晨，準備前往大明宮上班的宰相武元衡，忽然被刺客奪去了首級，重臣裴度也險些喪命。或許是因為主張討伐藩鎮本來就是個危險的政治選擇，裴度有先見之明地在夏日也身著厚衣大帽，因而無法讓刺客如願保住了性命。

---

❺ 二王八司馬事件：唐憲宗上位後，大肆遠貶父親的政治親信團。二王指王叔文與王伾，一人賜死，一人離奇病死；剩下八人皆貶斥到偏遠之地當司馬，其中就包括知名詩人柳宗元及劉禹錫。

究竟這批刺客會是誰的人馬？幾乎所有信號直指藩鎮，因此唐憲宗此時身邊的重臣，都很有默契地保持沉默，誰都不願意步上武元衡的後塵。然而，重傷而得救的裴度在他恢復清醒之後，變得比過往更加堅定地支持必須要與藩鎮對抗到底的決心，這種豁出命去的決絕，再次震撼了帝國中央。

也幾乎就是在此時，一個宗室叛臣李錡的妾侍、後來被憲宗收入後宮的奇女子杜秋娘，看到壓力山大的皇帝，於是寫下詩作〈金縷衣〉，勉勵他勇往直前，即：「**花開堪折直須折，莫待無花空折枝**」。

這讓憲宗決定加速對反叛的藩鎮動兵。名將李愬在一個雪夜，對蔡州城發動奇襲，逮捕了兩代叛臣吳元濟，也終究釐清了原來那個膽大到敢在首都行恐怖攻擊的，正是淄青節度使李師道。

這場戰爭其實還牽涉了另一個重要文豪的生涯，那就是韓愈；韓愈在此戰結束後寫下《平淮西碑》，極力地歌頌裴度在此仗中堅決不妥協的態度，卻甚少提到李愬的貢獻，但由於文字大氣古樸，而深受後世追捧，他身為唐宋古文八大家的地位也幾乎在此刻奠定。

兩年後，唐憲宗派兵消滅淄青，成功為武元衡報仇，至此完成了自安史之亂以來，歷經五代人無法完成的功業，消滅在當時統治範圍內所有不服的藩鎮，然而也是在這個時候，唐憲宗的生命也走到了盡頭。

豬隊友帶我下地獄，只靠唐憲宗仍難挽當朝敗局

關於這位被李商隱評價為「元和天子神武姿，彼何人哉軒與羲」的小太宗，他的死亡則蒙上了一層厚重的悲劇色彩，在他的功業巔峰，竟為了到底要用什麼方式迎接佛骨的風波，使得朝野上下有了一番激烈的爭鬥。此事件之後，長期服用丹藥的他情緒變得更加暴躁，也有一說是身邊的宦官為了安定皇帝情緒，因此加大了藥物劑量，最終使得皇帝英年早逝。

然而，明末三大家之一的王夫之，則從其中讀出更恐怖的訊息。由於唐憲宗擔心自家帝國的長期傳統——皇后總是對權力特別有想法，這樣的局面會在自己的時代上演，因此堅決不立皇后，然而這個訊號讓生有皇子的郭貴妃不滿，最後縱容手下與兒子謀夫奪國。

怎麼說呢，這個劇情雖然看似離奇，但若發生在唐帝國，卻也不是那麼難以理解，而接任的唐穆宗，並沒有辦法像父親一樣，在處理政務上快刀斬亂麻，倒是同樣愛吃丹藥這點遺傳了十成十，並在二十八歲就以同樣死因撒手人寰。

其實唐穆宗在位也不過四年，卻能一手把本來父親中興之局徹底毀滅，只能說選到錯的人，在國家危亡的時刻真的會導致帝國系統性崩解，最後走上錯的路。

雖然此時距離黃巢之亂❻還有將近半個世紀，但從藩鎮再次崩解、外患加劇、對內的剝削持續等問題開始惡化，大唐王朝至此，彷彿已經走入了「垃圾時間」（garbage time）❼，只等走完形式後就可以高歌一曲：讓我們互道一聲，晚安。

❻黃巢之亂：是唐僖宗時由私鹽商人黃巢為首的民變，從八七五年開始，時間長達十年，導致唐末國力大衰，加速唐朝滅亡。

❼垃圾時間（garbage time）：為體育界術語，多見於籃球或美式足球。意指一場比賽的結果已經確定、不可能翻盤的情況下，最後的幾分鐘或時間區段。由於這段時間內，球員表現通常不再具有競爭性，因此被戲稱為「垃圾時間」。

歷史情境對話站

1. 唐憲宗時代是晚唐再一次復興的可能，此後國家則開始邁向牛李黨爭與宦官權勢更加滔天的新階段。朝堂爭鬥歷代皆有，為何在唐憲宗朝能夠達成共識？
2. 唐德宗被柏楊先生批評為豬皇帝，具體施政看起來的確不高明，卻也非最昏庸的統治者，為何柏楊下筆對他這麼不留情面？

延伸關鍵字 想知道更多，請搜尋——

#李輔國 #唐宣宗 #唐武宗 #牛李黨爭 #《平淮西碑》 #二王八司馬

#永貞革新

【14】

抓戰犯了，搞倒北宋的是王安石嗎？

「天地的運行不會因為這些笨蛋們的嘲弄而改變。」
——哥白尼

歷史小檔案

登場人物

宋哲宗、王安石、歐陽修、高太后、宋徽宗

發生年代

11 世紀～ 12 世紀

國際上正發生

- **東羅馬帝國**：十字軍東征（1095 ～ 1291 年）正瘋狂地撲向阿拉伯世界，君士坦丁堡的危機卻也悄然升溫。在第四次十字軍東征（1202 ～ 1204 年）中，這個原本羅馬秩序名義上的支點，徹底被同為基督的弟兄打下，來自威尼斯的商人與軍旅，從此開啟了對東方土地近半世紀的統治。

王安石長期背負著北宋帝國滅亡罪魁禍首的罵名，然而他的變法不但將帝國版圖、財政、經濟都推向巔峰，而且此後的宋哲宗年間更是國家最鼎盛的階段，黨爭固然激烈，但這只歸罪於王安石顯然並不公平。具體問題應該實事求是地解決。王安石過世後，距離北宋滅亡還有四十年的時間，既然我們不能將一家公司的破產歸責於四十年前的董事長或執行長，那麼對國家體系的運作，就更是如此了。

北宋發展到黃金時代後，其實一直都在追求如何改變，變法，彷彿就是這個國家的主旋律。

實際上，改革的發生，一定是建構在社會矛盾激烈到已經足以威脅中央皇權的時候，才會出現。而且改革者本人一定要對生命沒那麼看重才行，因為走上這條路輕則流放邊疆、重則五馬分屍。此前的商鞅跟李德裕如果泉下有知，一定也會看著王安石告訴他「石哥不要」，此後的張居正大概也會長嘆一聲，勸他「別想不開」。

但宋帝國真的是個很獨特的存在，這個時代對高層士大夫的態度，較之此前此後的任何帝國都要寬厚。在北宋一個落敗的政治人物，最淒慘的遭遇大致就是被流放嶺南。當然，被送往這個充滿瘴癘之氣的地方，也許跟推向黃泉路的差別也不大，但比起血流成河的改革，宋帝國就顯得溫和許多。

前有慶曆諸君子為了改變澶淵之盟後一系列國家危機的慶曆新政，後有王安石開啟四大階段的新法變革，基本上都沒有導致太慘不忍睹的鬥爭。

此處不得不多提一句慶曆新政，這次改革最後以失敗收場其實很令人難以理解，畢竟當時帶領變革的，可是名臣歐陽修、范仲淹、韓琦等當世最強的全明星陣容，加上宋仁宗也是英明天子，真的是飛龍騎臉，怎麼輸？❶

然而因為年輕改革派的行事過於輕佻，先是得罪了夏竦，後又因為歐陽修自己的連襟——王拱辰幾次彈劾朝廷在西北的布置，范仲淹主張營建的水洛城意外引起與韓琦門人的意見不同，導致范一派的狄青、滕宗諒等人都被掀出有濫用公使錢❷的嫌疑，最終滕宗諒被貶黜到巴陵，在極端悲傷的情緒下興修了岳陽樓。

歐陽修本人其實也是加劇慶曆年間改革派與保守派鬥爭的主因，在敵對陣營指控他們結黨營私時，歐陽修不但沒有選擇溫和的方式來解釋，反而用激烈的筆法寫了一篇〈朋黨論〉，大致內容就是告訴皇帝，自古以來人本來就會分黨，只是君子因為義氣而結交、小人因為利益而合體，我們都是黨人沒錯，但我們是君子。

文章一出，朝野陷入一片譁然，縱使皇帝有心偏袒，也無法坐視歐陽公這樣直接挑明矛盾的做法。在歐陽修歷經貶斥、到滁州寫出〈醉翁亭記〉後，他的晚景也十分淒涼，甚至有政敵抹黑他與外甥女亂倫，自己兒子有四個夭亡❸，加之視力衰退，文章遠遠不如盛年。

或許從歐陽修的人生就可以作為慶曆諸君子的縮影，節操、能力、文采都是兼具的，然而人生、朝堂、政治對他們來說也是艱鉅的。

---

❶飛龍騎臉，怎麼輸：意指勝券在握的情況下，因奇怪的操作失誤而導致結局崩盤。為《星海爭霸II》中文解說員黃旭東的賽事解說臺詞。

❷公使錢：又名公用錢，是宋朝用於各路、州、軍以及刺史以上官員的特別費用，類似於現代的款待公費。

❸出自《文忠集》其中韓琦所寫〈附錄三．祭文〉。

黨爭敗部的仕途盡頭：嶺南吃荔枝

王安石是一個幾乎在前半生完美無瑕的存在，許多資料對他的抹黑，基本上連反對他的政敵如同期的司馬光、後來的朱熹也都予以駁斥。王安石在處理公務上的態度有些爭議，但宋史的編輯者主要受到南宋程朱理學的影響，因此對王安石更是抱持著尖銳的批判態度，但有兩個基本事實必須得先做釐清。

首先，王安石的變法並沒有因為他的離職而結束，此後宋神宗繼續走在改革的道路上，並且到了宋哲宗時代，仍有紹聖紹述[4]延續。

再來過往認為王安石引發的新舊黨爭[5]，導致了北宋帝國的覆滅，其實在神宗、哲宗兩朝不但對外戰爭屢屢獲得勝利，而且朝內真正完全反對變法的也幾乎只有司馬光一人，新舊黨談不上合作，但基本的鬥爭底線仍然存在。

最為惡劣的政治事件，是圍繞著新黨代表蔡確發展的車蓋亭詩案[6]，這起北宋最大條的文字獄事件，以當時垂簾聽政的高太后與司馬光為首，讓這一位曾經任相的新黨領袖蔡確被貶至嶺南，最後抑鬱而終，並使得之後哲宗親政，新黨章惇登相後立即以牙還牙，使出一系列送舊黨黨人到嶺南吃荔枝的舉措。

但真正使國家滅亡的主要原因，仍然是在徽宗與欽宗、高宗時代，他們的幾個錯誤決策導致，過度地將王安石滅國責任極大化，恐怕也只是宋高宗的甩鍋之舉，對王安石並不公平。

危！安石危，政策得罪到最小心眼的士大夫

王安石在任內推動的幾項重要改革方案，立論依據跟初始設定都相當理想，青

---

❹ 紹聖紹述：指宋哲宗在親政後，改年號紹聖，並重用新黨，貶斥舊黨，恢復宋神宗時的各項新法，如青苗法、免役法等。

❺ 新舊黨爭：一〇六九年（熙寧二年），因王安石變法而引起。雖變法切中時弊，卻得罪當朝舊黨（保守派官員），如司馬光、歐陽修、蘇軾，因此王便扶持呂惠卿等新人與舊黨抗爭。新舊黨爭持續五十餘年，也導致了北宋亡國。

❻ 車蓋亭詩案：保守派的高太后垂簾聽政期間，朝廷再次重用舊黨，且將當時的新黨宰相蔡確貶為知州。而後蔡確於安州遊覽車蓋亭時，寫下十首絕句，卻被他人上呈朝廷，並曲解其意，認為此詩將高太后比為武則天，高太后也趁勢落井下石，將蔡確貶到嶺南新州，最終蔡確積鬱成疾，於嶺南辭世。

苗、保甲、均輸、保馬[7]，單純拉出任何一條都是非常切中時弊的解方。

以青苗法為例，宋帝國的農民時常在荒年無法順利收成，為了能讓家族生存，往往必須要賣地以為生，但土地一旦被富豪購得，來年他的可耕地面積就變得更小，如此一來，面對風險的能力也會持續直線下降。

於是，許多瀕臨破產的小農就必須透過借高利貸以支應生活，但古代的高利貸與當今金融機構是存在巨大差距的，年利率方面，古代可以收到超過兩百個百分點。

因此王安石提出，如果透過國家進行放貸，除了收取較低的利息費用，一方面可以避免貧困農民被剝削，一方面又可以讓國家獲得更多的資本，怎麼看都是一個雙贏的局面。

但不要忘了在這個賽局裡面，玩家可不只有國家跟百姓，還得關心士大夫一派的意識形態能不能得到認可，他們的利益又是否在此過程能夠得到提升？歐陽修雖然跟王安石一直保持很好的關係，甚至將這個後輩稱之為四賢，但對於王安石的這項新政感受上非常負面：「我們是要解除高利貸對人民的迫害，結果自己也要放貸，這不是五十步笑百步的舉措嗎？」

沒有任何證據顯示，歐陽修這樣潔身自好的大臣會有包庇地方豪族、擔任放貸者的後臺紀錄，但不是每個大臣都能這樣到老都清心寡慾，在王安石這種與官爭利的策略下達後，自然是引爆連環反對的聲浪。

擔任過樞密使的文彥博曾經跟皇帝還有王安石提到：「陛下是與士大夫共天下，不是與百姓共天下。」乍聽之下很霸道也缺乏民本精神，神宗跟王安石也予以強烈回擊，但文彥博只淡淡說了一句：「**務要人推行爾**。」法律再好、理想再豐滿，也需要有一群好的執行者。

可綜觀整個青苗法執行之後，國家財政大幅改善，在地方激起引發的民變，相較於北宋此前、此後任何一個皇帝在位的時間都來得少，軍方不僅有足夠資源可以拓邊西北，並且多次取得勝利的戰果，使得帝國版圖、經濟數據、財政收入都來到建國以後的巔峰。

---

❼保甲、均輸、保馬：保甲法以十家為一保，徵召壯丁，教習戰陣，以訓練鄉民具有自衛的能力。均輸法是政府先制定每年物品的預算，由發運司採購物資，以節省不必要的運費。保馬法則是鼓勵西北邊疆人民代養官馬，願意養馬的，由政府供給馬匹，或政府出錢讓人民購買，馬若生病死亡得賠償。

所以後人對王安石的批判，很長時間是往道德層面上發展，除了編造許多關於他個性過為執拗而產生的荒唐事之外，甚至連他的兒子王雱也不放過。在《宋史》中記載王公子曾經當眾說：「**梟韓琦、富弼之頭於市，則法行矣。**」這樣膚淺且粗暴的話，完全無視這是一個經學子集都精通、為人謹慎的當代亞聖人。

當然，還有一種對王安石的反對聲浪來自於神宗與他的第一次對話，身為王的鐵粉，神宗曾經問過男神怎麼評價唐太宗，王安石的答案是：「**陛下當法堯舜，何以太宗為？**」這種懷古非今的論述跟他後來要進行改革，感覺是背道而馳的概念，而且這種割裂言論跟許多陳腐的儒生態度何其相似。

但仔細想想，唐太宗的法是被《貞觀政要》記載下來的，如果神宗想要效法而採用唐初的政策，這是一種最無用的復古，而所謂堯舜並沒有留下真正的紀錄與法典，王安石這句話正是要宋神宗做出符合時代需求的、而非妄圖抄答案的方式來回應當下社會所需要解決的問題。

在王安石兩次罷相、春風難綠江南岸後，宋神宗仍然延續著王安石制定下的諸多國策，並且前後執行時間超過十八年，這給了帝國官僚體系一個極大的慣性，也因此在金兵鐵騎南下前，只有司馬光短暫執政的時間裡，全面採取反新法的措施。

古今中外，藝術家改行當統治者真的要三思

當然，新舊黨爭的影響絕對是讓北宋政治惡化的原因，但這不純粹是兩黨互相攻擊這麼單純而已，前文中提到的車蓋亭詩案，是保守派一次挑動當權者情緒而引發的文字獄。

新黨代表蔡確描述風景的詩句，被曲解為影射女人不可干政，這使得本來與蔡確就存有舊仇的高太后，在明知是誣陷的狀況下，仍然選擇落井下石，最終將改革派幾乎全面排除出汴梁城權力核心。

但有意思的是，在保守派全面獲勝的局面下，內鬥隨之爆發，「程門立雪」典故中的程頤，甚至與大才子蘇軾展開了激烈的蜀洛黨爭，兩邊圍繞對「禮」的解釋展開朝堂之鬥。

有意思的是，當年烏臺詩案❽爆發時，蘇軾屢屢受到改革派章惇營救，直到這次改革派全面受挫時，蘇軾選擇在言詞上繼續攻擊改革者聯盟，這也算是風流瀟灑大才子之外，東坡給我們看到的歷史人物是立體而不該標籤化的一面。

那如果王安石的變法、後來的黨爭餘緒不能當作亡國主因，讓北宋最後灰飛煙滅的罪魁又是誰呢？

大約很多指向都會是那位頂級藝術家、愚蠢的亡國君宋徽宗趙佶。

由於宋哲宗無子，在他的幾個兄弟當中，最後選中了品行不夠端的端王繼位，這讓大臣章惇聽完立刻發出：端王無狀的感慨，後來在他任內引發了方臘起義❾，也就有了後世創作水滸傳的契機。

彼時已成為宋徽宗的趙佶，迷信道教、享受生活，耗盡了國內的民力物資，重用奸臣蔡京，也再次閉塞了國內知識分子的上升之階。對外戰爭也因為締結海上之盟❿，養大了女真帝國，最後養虎為患被反噬。

更可氣的是，莫過於他在帝國大廈將傾之際，居然選擇逃出開封城，將黑鍋甩給兒子欽宗，美其名是到鎮江進香，實則是不擔責任。

隨著這幾年翻案文章之風盛行，從宋徽宗對於文化存在巨大貢獻的描寫，逐漸被大眾接受。也的確從各種客觀事實來看，這位沒有開疆拓土的野心、不存嚴刑峻法動機的君王，在他執政的數十年間，揮霍、貪奢的事件雖然一樣都沒少，但是與同期歐洲君王相比，那些號召十字軍東征、並且坐享領地一切資源的土豪，也沒有好過宋徽宗半分。

徽宗執政生涯最大的錯誤，就是外交上扶植了自己此生、乃至於他的王朝往後最大的敵人——金國。他企圖以聯金滅遼政策，來獲取帝國建立之初一直不曾擁有的燕雲十六州，結果強大的金在消滅遼後，一改此前和顏悅色的盟友面貌，大軍鐵蹄兩度包圍開封。

近年漢學家伊沛霞的研究則給出了一個更有趣的觀點，她認為徽宗最大的局限性

---

❽烏臺詩案：發生於一〇七九年（元豐二年）的文字獄，因蘇軾上書訴說對新法變革的不滿，被新黨一派連番彈劾，最終以四大罪狀入獄，出獄後被貶為黃州團練副使，為其人生的重大轉折。

❾方臘起義：發生於一一二〇年（宣和二年）的民變，由青溪人方臘所領導，因民不聊生而號召農民起事，初期勢如破竹，對朝廷造成極大威脅，最終在杭州被官軍擊敗，而此次起義也造成大量平民傷亡與財物損失。

❿海上之盟：是北宋和金國在一一二〇年（宣和二年）簽訂的盟約，協定內容為兩方聯合消滅遼國。由於兩國中間隔著遼國，需要透過渤海航線來往，故稱「海上之盟」。

在於，這個帝國最高統治者終其一生對自己的國度僅存在於想像之中，他蒐集奇岩異石、搜刮天下財富只有一個目的：就是滿足他對宇宙的想像。但由於他一生除了進香外未曾踏出開封，使得他的目光與判斷，跟變動速度極快的世界早已嚴重脫節。

讀萬卷書行萬里路，不分時代與位置，看來都是必要的，而且帶來的影響，輕則見識短淺，重則亡國，宋朝已經用了一半命數，親自示範給我們看了。

歷史情境對話站

1. 王安石個性偏執，許多人將之視為後來改革失敗的主因，但改革者如果不具備堅持的特質，是否有其他方式能推動變革？

2. 如若北宋真的需要變革，而王安石不是解方的話，誰才是更好的改革推動者？蘇東坡的文藝才華固然天才，但變法如果由他主持，又會是哪樣光景？

延伸關鍵字　想知道更多，請搜尋——

#章惇　#紹聖紹述　#新舊黨爭　#司馬光　#慶曆新政　#聯金滅遼

【15】

張居正的變法，把整個張家也 bang 不見

「這種爭鬥，我也看得夠了，由他去吧！」
——魯迅

歷史小檔案

登場人物

朱翊、張居正、明神宗

發生年代

16 世紀

國際上正發生

- **英國**：都鐸王朝正走向最鼎盛階段，西班牙統治者掀起了荷蘭危機，獨立運動正在沉默者威廉的帶領下方興未艾。1588 年的英西大海戰，使得英國影響力大幅提升。

雖然近年來有不少「明」粉出現，除了將其視為最後一個漢人王朝而充滿濃厚的民族情感外，也認為明朝不和親、不納貢，天子守國門、君王死社稷的精神值得稱頌。然而一概用最高成本來處理問題，而非具體找到好的策略，也使得這個體制從潰而不崩到一瀉千里，並沒有想像中的久。張居正改革的出現，給明帝國帶來續命的可能性，但又是為什麼這帖良藥不但救不了帝國，甚至連製藥的張居正都下場淒慘呢？

開頭先說，張居正的改革因為跟王安石一樣，都在發起人過世之後，才引發了劇烈政治鬥爭，在當代的評價都不高。且張居正結局之慘烈，更是讓此後所有改革家望之卻步。

由於明代到了晚期以後，社會矛盾加劇，這裡的討論幾乎就與之前提到誰亡了大明一樣複雜，但若只聚焦於朝廷與行政體系德性的流失，其實是一種過度抽離現實的敘事方式。氣候的變遷、經濟的轉型、貧富的差距以及工業革命前人類生產技術不足以應付天變，恐怕才是更深刻的問題。

我建議大家在看嚴嵩、徐階、高拱等一系列人精在北京的鬥爭之外，能夠把視角聚焦在萬里之外的福建，恐怕這裡才是一連串明帝國政治打成死結的關鍵。由於明朝在嘉靖年間仍實施海禁政策，日本無法透過以往的正規管道與明帝國貿易，造成沿海地區幾乎陷入生存危機的人群，必須透過非法的方式來到福建、浙江一帶沿海從事走私活動。

明帝國的統治機器這時候也對沿海地區生計產生一種漠視，因為來自北方蒙古人的威脅更是嚴重，最初明成祖會把首都定在苦寒的北京，就是為了防範來自北方強大的黃金家族後代。

說起來北京在元、明兩代都扮演著背叛者首都的角色，昔日蒙古帝國負責漠南與華北經營的忽必烈，完全無視阿里不哥經過庫里爾台大會選舉為大汗的現實，自行稱帝後北上打敗正統大汗❶，然後定都北京。百餘年後，明成祖朱棣造反攻打自己父親生前指定的接班人建文帝朱允炆，然後也定都北京。

站在華北至高無上的統治者，可能從未想過，南方的漁村與海濱居然在此後成為了帝國崩潰最根本的原因之所在。當時，西方透過大航海帶來的巨量財富，正在開始往更遙遠的東方前進，意圖將自己從美洲挖掘的黃金、白銀，兌換成遠東的奢侈品；而有如此強大的需求、以及消費能力，自然引來有人願意供給。

明帝國官方雖然不允許，但多的是願意冒險的商人、以及真的難以生存的底層，鋌而走險地成為了海賊，他們與同樣對貿易有強烈需求的西班牙人、馬來人、日本人結合成了一個群體，這就是所謂的「倭寇」。

壞了，打來打去最後才發現全是「倭」裡反

過往為了抒發民族情緒，往往會有中日之間仇恨深重的情節，早在明代就有倭寇入侵這樣的講法，但實際上，可以從當時翻閱多項資料比對後的史官筆下得知：倭

---

❶阿里不哥為忽必烈之弟，反對忽必烈的漢化政策。一二六〇年五月忽必烈在中原自立為大汗，而阿里不哥則在同年稍晚，也透過庫里爾台大會被推舉為蒙古大汗，兄弟因此內戰，最後阿里不哥戰敗，間接促使蒙古帝國分裂。

寇的主要成分不是外國人，如《四庫全書．籌海圖編》就寫道：「**今之海寇，動計數萬，皆託言倭奴。而其實出於日本不過數千，其餘則皆中國赤子無賴者入而附之耳**」。至於《明史．日本傳》更直接把組成比例寫得更加清楚：「**大抵真倭十之三，從倭者十之七**」。

另外一個更直接的證據，就是倭寇的領袖雖然都與日本有千絲萬縷的關係，但翻看名單，如：許棟、王直、徐海、陳東……這些叱吒風雲的弄潮兒，就沒有一個不是明帝國自己人。

這也就說明，為什麼倭寇往往進攻南京時，可以對地理瞭若指掌，數十名士兵可以橫跨幾個州府，陣斬明御史錢鯨，繞過杭州向西，攻擊西興縣、昌化縣、淳安縣，再直奔南京，打得明帝國正規軍人仰馬翻，南京守軍更是沒骨氣到命令百姓登上城頭，「造勢」以嚇阻倭寇，這個舉動氣得當時文豪歸有光憤怒地說：「我們到底平常養軍隊是幹麼用的？」❷

看到這裡大概可說，或許就是這幫倭寇獲得了薩摩藩❸的攻擊力與+9武士刀❹，忽然各個上了戰場，都能把敵人當成瓜菜一樣砍切。但不要忘了，明帝國正規軍那時是有火槍的，熱兵器雖尚未發展成熟，也不至於在武士刀面前變得這麼不堪一擊。

出船剿寇，剿著剿著就把自己給剿沒了

一五四六年（嘉靖二十五年），朝廷調任朱紈擔任浙閩提督，在他任內大力掃蕩倭寇，並且取得多次戰役的成功，但很神奇的是，朝廷不但沒有給予表揚，朱督師等到的反而是被御史陳九德彈劾他的擅殺之罪而入獄❺。最後朱紈實在是嚥不下這口氣，於是服藥自盡，自盡前，他留下一段話被收錄在《都察院右副都御史秋崖朱公紈壙志》。

他說：「**吾貧且病，又負氣，不任對簿。縱天子不欲死我，閩、浙人必殺我。吾死，自決之，不須人也。**」

有意思的就是這句：「**閩、浙人必殺我**」，如果倭寇是入侵者，則朱紈打敗倭寇應該要得到當地人的感謝與歡迎，但結果卻是相反。而此後凡擔任剿倭大任的官員，

---

❷出自《震川先生集卷之八》，原文：「徒令市井貧民，裹糧登陴……則平昔養軍，果為何耶？」

❸薩摩藩：正式名稱為鹿兒島藩，位在九州西南部。日本鎖國時就開始與西方接觸，屬於武裝勢力強盛的強藩。

❹+9武士刀：為線上遊戲《天堂》中的武器。

❺出自《廣右戰功錄》，原文：「御史陳九德遂劾紈擅殺。」

也都沒有好下場。

例如曾經擔任南京兵部尚書的張經，他因為長期按兵不動進行對倭寇的觀察，直到機會轉好，在王江涇鎮（浙江北部沿海）取得了重大勝利，卻因此反而被朝廷彈劾「抗倭不力」，結局是在北京被斬首；後來真正取了王直性命的胡宗憲，也落得引刀自盡的下場。

這顯示的是明帝國朝廷的水很深，抗倭或許只是表面上政治正確，因不僅是倭寇跟地方勢力綁定極深，這些走私貿易所能帶來的各種紅利，恐怕是朝堂之上當權派也都能夠分享一杯羹的收入，打倭寇的膽子沒有，但用倭寇來賺錢的膽子有，而且很大，誰真的把倭寇剿了，那麼朝堂之上不分黨派都會想盡辦法剿了他。

由此再回來看嚴嵩、徐階所謂清流與嚴黨的鬥爭，可能會有另一番不同的視角。當權派當然是以斂財達到利益分配，並同時滿足皇帝私慾而獲得重用，清流表面上乾淨，實際上就是清楚知道：自己需要扮演皇上的鞭子，在執政黨吃相太過難看的時候，出來意思意思打幾下，如此而已。這也就是為什麼儘管嚴嵩因貪汙、擅權倒臺，但徐階日後在海瑞的清查下，也同樣是占地貪汙嚴重。

考成法：只有公務員受傷的世界達成了

接下來終於要說到本篇男主角——張居正。張居正很帥，從各種野史描繪他如何讓守寡的李太后沉迷，就可以感受到他的長相多麼符合明帝國時代的審美，而更令人嫉妒的是，他還不僅有外貌，同時是個天才少年。

張居正從小就天賦過人，以至於有一個故事說他在十三歲考鄉試因為文章寫得太好，主考官顧璘大為讚賞，不但親自解開自己的犀帶❻相贈，並且將他原名白圭改成了居正。

只是傲嬌的顧先生最終強制讓張神童落榜，強制逼他回家再讀三年書，以免太過年少得志會忘乎所以。

比起陰柔又聰慧的嚴嵩、隱忍又柔媚的徐階，張居正的特點是擁有更大的權力。這不僅僅是他看不到頂的天賦所導致，更重要是他掌權的時間點。

嚴嵩、徐階獲得權力的時候，他們的頂頭上司是遙控權術的大師明世宗嘉靖，張

❻犀帶：嵌有犀角的腰帶。

居正擔任內閣首輔的時間，恰巧是明帝國皇權最為脆弱的萬曆早期，當今天子明神宗不過是個十歲小兒。

另一方面，就是張居正特別懂得權力運作的規則，很願意結交權高位賤的太監，這在儒家士大夫群體當中，可以說非常難得。但有意思的是，他明明特別能夠長袖善舞，卻在真正成為帝國首輔的時候，展現出不和稀泥的一面。

一五七三年（萬曆元年），明帝國真正的話事人張居正提出了考成法，此制度具體要求全國各大公務衙署都必須備有帳簿，記錄公務人員在一年間的發文、收文、章程跟計畫。

如果官員像現在某些網紅一樣愛發廢文，就會在張相國的升遷簿上直接被打叉。當然，如果有人績效差，身為社畜卻只空有蛀蟲的成效，對不起，那也只能直接被裁員了。

幾年的績效下來，帝國官員的效率忽然大為提高，連國家財政都跟著改善不少，內閣就此對各地的掌握度也有了提升，算是一個皇帝、內閣、百姓總體福祉都在上升，只有公務員受傷的世界就這樣達成了。

一條鞭的意義，把百姓義務摻一起做撒尿牛丸

明帝國建國之初，中央每年只跟百姓徵收兩次稅（夏季的小麥與秋季的稻米），或者是其他絲絹雜物，也因為國家還在一片廢墟之上，修個宮殿、水利設施、長城、運河之類的，總也不可能讓皇帝親自下場，所以在攤派給百姓負擔一些勞役「相忍為國」那也是免不了的。

但商業興起以後，對很多人來講，服勞役的機會成本太高，許多一秒幾百萬上下的商人乾脆選擇跟官府勾結，隱蔽戶口或者找人代替。想想看，在古代所謂服勞役就是沒節制、無底線，且不給薪水的九九六❼，這比起交稅金還要更讓人想一頭撞牆。另一方面，徵收實物也容易因為物價波動、保存不良好、運輸費用過高等各種問題，反而讓徵收的中央感到困擾。

於是張居正想到一個超簡單的方式：不用搞得那麼困擾，通通只交白銀就好，當然這得按照你的財富收入來做收稅標準，於是全國最大規模的土地清查開始，畢竟所

❼九九六：由中國開始盛行的高強度工作制度，指早上九點工作到晚上九點，一週工作六天。

謂「有土斯有財」，在農業時代，土地多寡就像是擁有多少張股票一樣。當然地區不同、股價就不同，糧食產量也會不同，但總歸能有一個量化的標準，而因此變法將徭役、田賦與雜稅合併為一條記算，故稱一條鞭法。

一條鞭法實施後，大幅改革國家經濟，
讓明朝短暫恢復中興榮光。

而這套體系一實施，明帝國可徵稅的土地，從四百多萬頃暴漲為七百多萬頃，一方面可以感覺到朝中六部為了多出近一倍的預算歡呼，但一方面也彷彿可以聽見這些大地主以及他們背後罩著的官員、一個龐大的利益共同體牙齒恨得快要磨平的聲音。

但張居正為了能夠貫徹變法，也實際上做了許多現在我們回望後，覺得太過頭的事情，例如他為了減少朝野批判力道，強行將各大書院通通關門，對當時主流意識形態心學進行大力打擊。

也有地方官員，如王之垣者為了討好張相國，將意識形態上與張不同的哲學家何心隱活活打死，這使得張居正不但得罪了既得利益者，也同時失去年輕知識分子的青睞，為他日後被政治清算埋下禍根。

皇帝的清算雖遲但到：忠臣的下場

一五八二年（萬曆十年），五十七歲的張居正因為腸胃問題與世長辭，他的家族也迎來了滅頂之災。小皇帝萬曆不滿過往自己被這位老師操縱猶如傀儡，上有所好，下必順焉，於是針對張居正的各種汙衊、栽贓如雪片般飛來，最後張居正全家被餓死的人共十七口，長子張敬修被慘絕人寰地嚴刑逼供，最終上吊自盡，其餘子孫也被流放邊疆。

就看到這結局，任何求生欲還沒歸零的有志之士，還有誰敢提改革二字？

張居正在任期間，提拔了潘季馴這樣的治水名臣，一改黃河帶來的水患問題，同時也指定戚繼光、李成梁等名將鎮守帝國北疆，使得嘉靖年間蒙古兵圍北京的窘境不再出現。然而這些功績，卻伴隨晚明最惡劣的政治氛圍，被猩紅地塗抹成無數罪狀，最終使他的家族蒙受其害。

張居正只是一個案例，在他之前還有因得罪宦官被下獄的護國功臣于謙，在他之後還有同樣因誣陷而坐牢的能臣熊廷弼、被逼出戰李自成而死但朝廷卻不予撫卹的孫傳庭、一心救國但最後被處凌遲的袁崇煥等。帝國始終給予他最後的保護者們，從肉體到靈魂最撕心裂肺的毀滅。

歷史情境對話站

1. 明帝國的最後一任領導者曾經高呼：朕非亡國之君，臣皆亡國之臣，你認為這個悲劇是管理失序、篩選人才機制問題，還是天氣變化導致小冰期，物價與糧價的失控才導致？

2. 明帝國對於自身人才是否足夠尊重？

延伸關鍵字　想知道更多，請搜尋——

#海禁之爭　#倭寇　#一條鞭法　#考成法　#戚繼光　#潘季馴

Chapter 4

改革的陣痛，那些興亡皆源於戰火的朝代

亂世浮生中，有些朝代能享百年國祚，有些則迅速消亡。上位者不懂人心，導致邊陲造反、民不聊生，然而革命者上位後卻又實施新一輪暴政，使得歷史總在滅亡與重建中反覆輪迴。

【16】

漢室操戈：用棋盤砸死堂弟的屁孩，能當好皇帝嗎？

「古之欲明明德於天下者，先治其國；欲治其國者，先齊其家；欲齊其家者，先修其身；欲修其身者，先正其心。」——《禮記・大學》

歷史小檔案

登場人物

漢文帝、漢景帝、晁錯、吳王劉濞、周亞夫、淮南王劉長

發生年代

西元前 154 ～前 127 年

國際上正發生

- **羅馬共和國**：西元前 218 年，與海洋強權迦太基開始了第二次布匿戰爭，名將漢尼拔在遠征義大利失敗後，西元前 202 年，連在本土組織具有軍隊數量優勢的札馬戰役也遭逢巨大浩劫，最終使首都淪喪。然而短短幾十年，迦太基又再次展現地中海第一強權的繁榮景象，這使羅馬產生了強烈滅亡迦太基的動力。

一個國家如果能建立一個好的系統，使其可以健康地運作，並從個人到國家都在極其有限的生命裡努力追求，加上如果能在短時間內找到一個目標，並且有方向、有節奏地前進，絕對是看起來最正確的發展。如今，漢帝國在中央集權的路上開始了漸進嘗試，究竟漢朝能不能找到一個讓國家強盛的正確答案呢？

在清帝國倒數第二位醇親王奕譞即將過世前，曾經叮囑自己的孩子們：「**財也大，產也大，後來子孫禍也大**」，雖然這句話聽起來非常毒雞湯，一點都不勵志，但綜觀整部歷史，你會發現這個說法在專制時代還真的一點都沒錯。

當手中握有的權力過大，而能決定分配的資源遠超想像範圍時，那麼自己與身邊所有人的關係，都會危急得像是黑暗叢林法則——如果持槍的人不先下手為強，自己就有可能成為任何一方的獵物，即使彼此是父子、兄弟亦同，更不用講君臣、上下僚屬了。

當東周倒在諸國紛爭後，秦帝國開始有人倡議不再沿用封建制，時任法務部長（廷尉）的李斯就是這個主張的積極擁護者，理由很好理解：因周王國把國家股份過分慷慨分給原始股東，最後這些人被自己底下的管理階層取代，公司隨之四分五裂。

可是，歷史在此時又對整片華夏大地開了個玩笑——秦帝國幾乎完全不拋出任何股份，所有在這個體系之下的官僚都只是員工，無法入股。偏偏這個公司的最高決策者又沒有駕馭這麼龐大機構的經驗，加上單位擴張速度過快，以至於許多強行併購的部門，都仍保有各自傳統的運轉規則，一時之間公司離心力過大，最後，秦國這間起初人人看好的公司，就在兩代之內、十五年間全面崩潰了。

現在這個問題非常巨大地擺在劉邦面前：我的帝國怎麼辦？分配股份搞封建會崩潰；完全獨資經營，則底下每個人都事不關己。於是劉邦動用他的市井智慧——小孩才做選擇，大人全都要，一套綜合兩種概念的新體系橫空出世——郡國並行制。

漢高祖身為肇建者，他變相把周王國與秦帝國制度完美融合，將首都長安以外的可控管範圍納入郡縣制，實施區域由中央指派官僚；帝國邊疆則劃入王國統治區分給諸侯，再透過一系列武力征服將異姓諸侯王消滅，最後立下「帝國憲法」——白馬之盟，要求「**非劉氏而王者，天下共擊之**」。

這個概念猶如當年周公東征的翻版，對新征服領土的再一次征服，並且重新分配權力給跟皇室關係更加親密的家人，由此也消滅了戰國時代六國的殘餘力量，同時把能征善戰、卻可能成為後患的外地功臣集團翦除，最後再讓有功但沒封王的下屬有機會成為宰相，由此來穩定權力的天秤。

誅呂安劉，還漢室一個清淨

劉邦創造的這個模式，有效地讓帝國度過動盪的草創階段。在王朝隨後由呂家外戚所引發的一場奪權戰爭當中，這個看似已被呂后徹底滲透、成功架空的中央體系，在張良、樊噲的策略聯盟之後，透過外地諸侯的巨大威懾力量，最終平定了亂局。

不得不講，漢高祖真的是有遠見啊，雖然人已經不在了，但靠著陳平、周勃這些創業功臣，外有齊王劉襄這樣強大宗親的力量，呂家縱使擁有禁軍指揮權，也仍然落得功敗垂成的結局。相較於他的後代被王莽篡位、被宦官集團騙得團團轉，只能說腐草之螢光，怎麼比得上天心之皓月？

但我們都知道，再好的系統也會有使用期限，而且任何一個發明，都必然伴隨代價，在這場誅呂平定戰中，有很多人其實滿無辜的，但都被血腥且野蠻地除掉了。像是漢惠帝劉盈的四個兒子，通通被貼上血統不純的標籤，有一說因為呂后想要掌權，所以從宮外抱了好幾個來路不明的小孩冒充皇子以做傀儡，因此在翦除呂家餘黨的時候，也把這幾個「冒充的皇嗣」通通斬殺。

順帶一提，在鴻門宴中展現壯士豪情的樊噲，因其妻子就是呂后的妹妹（所以他跟劉邦的關係是連襟），因此繼承他舞陽侯爵位的長子樊伉，也成為了權力鬥獸場上被獵殺的對象。

而更黑暗的是，這場政爭看起來最大的勝利者——漢文帝劉恆，他在登基之後，四個兒子一個一個都撒手人寰，這四個兒子是劉恆之前已離世的髮妻——代王王后所生，而她「疑似」與呂后是親屬。如果考量到當時的政治氛圍，的確是令人頭皮發麻，上面兩起政變事件，合稱誅呂安劉。

再好的體制都會衍生兩個問題，一為無可避免的副作用，二為不可忽視的折舊與保存期限。

當諸侯王的力量逐漸強大，甚至在誅呂之亂後，由遙遠的北地諸侯代王擔任了新共主，其他藩王難免產生妄念，這個體系在漢文帝時代，開始出現皇權準備對諸侯王動手的端倪。

已有公式的造反，反正試試又不花錢

漢文帝是個對兄弟很友好的皇帝。這個本來身分不高的皇子，當年為了避禍而選擇了邊遠的代地❶。前半輩子低調的他，在登位之初，原本被預期為一個木偶般的擺設，想不到劉恆登基之後，不但處理匈奴問題得當，對內穩定擴大皇權，另一方面也在稅賦改革上頗有成效，延續了整個西漢初年無為而治的精神，帝國迅速恢復生機，

❶代地：範圍為今山西至河北一代，不僅土地貧瘠，還常有匈奴來襲，在當時代王劉恆的治理下變得井然有序。

由此開啟了文景之治[2]的扉頁。

然而，在盛世的表象下仍然有許多危機潛伏，例如他的那幾個好兄弟，就對這個皇帝存在各種意見。最恐怖的就是淮南王劉長，劉長說起來也是個苦命的小孩，他的母親昔日被呂后害死，出鎮外地的他，也曾經是功臣集團皇帝候選人名單上的其中選項。一次他來到長安，終於得以見到當年呂后依附者、害死母親的幫凶、前任丞相審食其，他選擇了極具大漢初年風範的作為——直接越過法律，選擇私刑解決。

後來更為嚴重的問題在於：許多諸侯王看到跟自己條件差不了多少的漢文帝都能坐穩未央宮裡的皇座，自己有何不可？濟北王劉興居藉此起兵造反，還配合北方匈奴入侵，打算給關中的漢文帝前後夾擊。

儘管劉興居後來由於起兵倉促，加上中央調度得當，使得這場災難沒有造成帝國更大損失，然而，卻也讓其他諸侯看到一套造反公式：連結外敵、剿滅中央。

淮南王劉長就有樣學樣，後來更往南連結閩越，往北打通跟匈奴的聯繫，再一次上演地方包圍中央的劇碼。這再次證明：親戚，在傳統社會裡絕對是在有核心利益時最恐怖的存在。劉長後來被流放到四川，路上因覺得過於恥辱，於是絕食而死，民間因此產生歌謠：「一尺布，尚可縫；一斗粟，尚可舂。兄弟二人不能相容。」

用棋盤砸死堂弟的劉啟，稱帝後更顯鐵血手腕

但是之後遠遠還有比這個手足相殘故事更加血腥的場景。

漢文帝執政後的第十六年，他的堂弟，吳王之子劉賢來到長安覲見，典禮結束後，劉賢跟文帝的長子劉啟下棋。

《史記》這裡頗具地域歧視地說，因為當時劉賢的老師都是楚地人，使得他行為上更加剽悍而驕傲，這盤棋玩得誰也不相讓，鐵定讓彼此都感到不愉快。但太子劉啟可沒有受過這樣的氣，於是一怒之下居然舉起棋盤砸死了劉賢。

這下問題可就大了，比起他父輩的兄弟隔空衝突，這裡直接血流如注。漢文帝看到太子魯莽的脫軌舉動之後，卻只是將吳國世子的屍身送回下葬，意即雖然太子有過錯，但是責任在先不恭的吳世子身上，《史記》與《漢書》都沒有提到皇帝對太子的責罰。

❷ 文景之治：指西漢時期，文帝、景帝兩代，強調「輕徭薄賦」、「與民休息」，使得經歷秦末戰亂的百姓得以休養生息，使政治經濟得到顯著發展的「盛世」。

然而這起意外事件過後，也使文帝始終對吳王劉濞的踰矩行動睜一隻眼、閉一隻眼，吳王也是吃定了中央理虧，於是在稱帝造反的邊緣反覆橫跳，什麼摘山煮海，治煉鐵器、自製銅錢，這跟獨立建國也早沒什麼區別了。

十一年後，遠比當今鍵盤俠，更有棋盤俠之稱的劉啟已經成為景帝，比起父親現在的他，背負著更迫切必須解決諸侯勢力過強的壓力。當時，御史大夫晁錯向他報告：「如果將齊國、吳國、楚國所擁有的城池土地加總，已經占了天下近半，而吳國對中央的各種無禮，按過往的法律早該誅滅了，現在如果出手打擊，還算早期治療，如果繼續拖延則後患無窮。」

於是景帝剛登位就連連開槍，讓來長安的諸侯都會喜提「曾經有過性醜聞」、「無禮」、「有賣官嫌疑」等罪名當伴手禮，然後被強制回贈幾個郡縣的統治權「禮尚往來」給中央，這種做法實在讓眾王爺們感覺到來者不善。

吳王這時候已經感覺到即使不反，自己也遲早會死無葬身之地。於是，他決定拉攏各國聯兵包圍長安，為了增加勝算，他派出中大夫應高到處去遊說，並且發明了一個在此後千年，凡是想要造反的人都愛不釋手的口號——清君側！而這正是七國之亂的開端。

「清君側」在皇權時代裡，是一種既能造反、又能夠獲取大義名分的超高明宣傳，內容大約是：皇帝是好人，但他身邊都是一群小人奸臣，我們帶兵進攻首都只為了把圍繞陛下的壞人除掉，畢竟我們沒能力輔佐君主，但借輔佐君主的口號來造反的臉皮還是有的，而且很厚。於是，吳楚七國共同喊出了「誅殺晁錯這個離間劉家骨肉的小人，還天下太平」的口號。

一時之間，天下諸侯的士兵鋪天蓋地而來，長安陷入空前恐懼當中。屢次建議皇帝削藩的晁錯，此時走了這輩子比起他名字更錯的一步棋，他居然請漢景帝為了安定人心，應該舉兵親抵前線，學習一千年後宋真宗率兵直抵澶州的勇氣。景帝此時當然是拒絕這項把自己當成孤注亂擲的建議，並露出一個旁人難以察覺的陰狠表情。

幾天後，晁錯在上朝的路上，忽然被拖到了東市，但皇帝沒有讓他學習木蘭買駿馬，而是將他處以腰斬之刑。這事件在《史記》與《漢書》都有類似記載的故事，在

---

❸開秀：遊戲常見用語，指一個角色火力全開、大殺四方。

後者筆下有一個更黑暗的發展，與晁錯共赴黃泉的，還有他的妻子與家族。

景帝為什麼對自己的老師、帝國忠臣要下此狠手？其實原因也很現實：他要使得諸侯師出無名。這種做法很類似於一個民主政體在大選年，必須要把民調最低的閣員辭退一樣，讓在野黨無法繼續畫靶射箭，也讓選民憤怒得到宣洩。在專制時代，則不是要你離開職位這麼簡單，而是要用你的血來祭旗，為了皇帝一家之私，以生命作為代價犧牲。

漢景帝單方輾壓諸侯，強化中央集權

此後，七國之兵失去了民間的支持，加上他們圍困河南重鎮梁國久久無法攻克，運輸補給徹底地陷入絕境。尤其帝國中央調來曾經在細柳營❹中使漢文帝傾慕的大將、周勃之子周亞夫到前線，幾個月的堅守更是耗盡了叛軍的財力、物力，最後吳楚七國連同整個封建制度在西漢最大規模的一次反撲，宣告失敗。

接下來這場皇帝與諸侯博奕的「垃圾時間」裡，就是看皇帝如何單方面輾壓，用各種手腕來削弱殘存的諸侯。漢武帝時代的主父偃，就是在此大背景下提出「推恩令」的概念。

由於當時仍然有些諸侯驕奢淫逸，甚至誅殺從中央派過來的行政長官（國相），於是漢武帝採用了主父偃的想法，讓每一個諸侯在過世後將國土分封給自己除了長子外的其他小孩，演變到後期，則是諸侯在世就可以進行「推恩」，把財富、土地、權力分配下去。這項政策讓當時十二個諸侯國都願意配合，並分出了一百五十個侯國，有效地避免中央對地方猜忌，同時也更加強化了中央集權的能力。

皇老爺的三步走：請客、斬首，收下當狗

如果具體要看清漢帝國把諸侯權力收歸中央的流程，我們可以套用電影《讓子彈

❹ 細柳營：周亞夫當時屯兵於細柳，由於軍紀森嚴，就連皇帝也得照規矩行事。後來便以細柳營代稱軍紀良好的軍營，或指稱軍營。

飛》裡提出的三步驟：請客、斬首，收下當狗。

劉邦當時為了安定天下，一方面也是讓六國的舊勢力能夠與自己站在一起對付項羽，他看似很大方地宴請賓客——將國土封賞給功臣，以此來換取垓下之戰❺能夠部署十面埋伏、攏絡諸侯的資本，此即「請客」。

但是很快地，他需要收緊對帝國的掌握時，就開始對功臣屠戮，韓信、英布、彭越的下場各自是族滅、被刺殺，以及做成肉醬，這就是「斬首」。

最後，光是屠戮遠遠不夠，還必須要能夠讓聽話的小孩有糖吃，所以原本只是擔任齊國相國的曹參可以在此後進入長安成為宰相，直接從分公司的區經理，升任為總公司的總經理，由此完成「收下當狗」的最後步驟。

往整個帝國發展來看更是如此，初始分封猶如請客吃飯，七國之亂的前後重拳出擊，猶如一場大型斷頭秀，而最終的「推恩令」則是讓聽話的王爺們享受一點夕陽餘暉下的甜頭。

---

❺垓下之戰：發生於西元前二〇二年，項羽率領的十萬楚軍在垓下戰敗，全軍覆沒，是楚漢戰爭的最後一場大戰，後劉邦建立漢朝。

歷史情境對話站

1. 漢帝國將諸侯影響力在四代人的時間內壓縮到最小，並透過戰爭與權力共享的剛柔並濟，最終幾乎消除於無形，這樣的結果是否為王莽篡位塑造有利的外部條件？
2. 如果帝國的統治不能算成功，那有什麼更好的方法可以同時維持最高王權存在，同時避免農耕民族內部的鬥爭發生？

延伸關鍵字　想知道更多，請搜尋——

#郡國並行制　#文景之治　#白馬之盟　#審食其　#七國之亂

#主父偃　#推恩令

【17】

舊貴族的全面反撲，醉生夢死到排隊造反的南朝

「金陵王氣黯然收。」——劉禹錫〈西塞山懷古〉

歷史小檔案

登場人物

宋文帝、王玄謨、拓跋燾、宋孝武帝、齊高帝、竟陵王、齊明帝

發生年代

5 世紀

國際上正發生

- **西羅馬帝國**：各地異族入侵羅馬的腳步正在加速，西元 451 年，羅馬最後的名將埃提烏斯與西哥德王國的狄奧多里克一世達成同盟，並在沙隆戰役中擊敗入侵的匈人首領阿提拉，是西羅馬帝國最後的迴光返照。476 年，西羅馬最後一任皇帝羅慕路斯被日耳曼將領奧多亞塞廢黜，自此帝國滅亡。

南朝四個帝國，除了本身建立過程中充滿宮廷陰謀算計，甚至也沒有真正地解決前朝遺留下來的社會問題，舊貴族與諸侯對中央的威脅一直都在，讓這些短命王朝加總起來共百年的歷史發展像是在原地踏步，甚至連社會矛盾都不得解決。

如果要選擇一個時間呈現帝國專制與混亂衍生的問題，再也沒有比南朝更適合的了。南朝指的是以金陵作為國都的宋、齊、梁、陳四朝，當初西晉帝國中央原有意指派劉淵征討東吳，結果大臣孔恂引用了《左傳》中的「**非我族類，其心必異**」阻止了皇帝。

在排外情緒與各種複雜的因素交錯之下，幾乎是漢人衣冠南渡所建立的南方四朝，與北方游牧民族所建立的國家相比，照理說內部民族應該單一許多，然而這將近一百七十年的歲月裡，宋齊梁陳四朝所產生的混亂程度，卻甚至遠較北國來得更讓人怵目驚心。

在Chapter 2〈庶民政治團隊上位，讓生活變好或變壞〉中曾提過：宋王朝的建立者劉裕，因為他的私心與恐懼，開啟了日後所有篡位者都將前朝皇族屠戮殆盡的惡因。彼時劉裕在自己大限將至前夕，將皇位傳給自己的兒子劉義符，並且將大權委託給了四位顧命大臣：南北朝第一名將檀道濟、領軍將軍謝晦、司空徐羨之跟中書令傅亮，讓四人可以形成有效互相牽制、互相幫襯的局面。

然而劉義符本人的威望與行為都令人失望，十八歲的他沒多久就被權臣們聯手罷黜，並且跟自己的弟弟——曾經惡搞長安政局，使得帝國柱石的武將沈田子與王鎮惡先後被害的劉義真，一同被處死。

空缺的皇位後來被來自江陵的劉裕三子——劉義隆坐穩，稱宋文帝。雖然這段時間被歷史上稱之為元嘉之治，堪稱是一段盛世歲月，但是仔細想想這個灌水的比例非常高。

首先在這個政治真空期，洛陽、長安一帶就已經都被北魏攻下，河南之地盡喪，而劉義隆卻錯估了局勢，派遣使者向北魏皇帝拓跋燾進行恐嚇，表示隨時會派兵北上收回失土。

然而北魏朝廷卻做了一個對南朝傷害性超大、羞辱性更強的決策，大才子崔浩建議不要理南朝的威脅，直接調動主力去打北方國境線上的大敵——柔然汗國❶。

不到殘血不會玩，北魏讓兩個要地給南宋都贏

而北魏這一仗，基本將柔然這個游牧帝國全面打殘，俘虜的牛羊馬人數以幾十萬計，一口氣奠定自己在往後對南朝的武力優勢，而南朝宋這波則錯失往後南北夾擊北魏的機會，從此軍事上長期處於弱勢。

從史料裡，無處不感受到北魏中央對南方的鄙視，在劉宋第一次發動北伐戰爭時，面對數十萬大軍來襲，崔浩居然是要求朝廷不要動用幽州以南的精銳部隊，他擔

❶柔然汗國：為原始蒙古游牧民族在漠北建立，先祖為東胡人，在十六國與南北朝時期雙方多次交戰，後與拓跋建立的北魏政權相互對峙。

心這麼強大的軍力會嚇到南方來的入侵者。

大約像是巔峰時期的勇士隊剛開局不能放柯瑞（Stephen Curry）上場，以避免比賽失去精采程度，或者大谷翔平不能先發，只能替補，以免對方投手手軟的概念。

北魏雖然一開始看似消極以待，但因拓跋燾堅信自己的部隊只有在秋季時戰力才能發揮到最強，屆時馬匹雄壯、五穀已收，對付南來的部隊更能發揮得宜，於是其間便大手一揮，將河南重要的虎牢、洛陽等地拱手相讓。

這使得宋文帝大為欣喜，認為北伐大業將成，但隨後由於兵力過度分散，加上對於新占領區的不熟悉，北魏真正發動主力反擊的時候，整個劉宋帝國的防禦形同紙糊，名將到彥之節節敗退，且丟棄所有甲械導致武器庫空虛，就連百戰元帥檀道濟也無力扭轉頹勢，救援重鎮滑臺任務失敗，南方自此陷入被動挨打狀態。

第二次元嘉北伐，起因竟是王玄謨的一碗心靈雞湯

這之後，宋文帝劉義隆先後還在執政尾聲發動了兩次北征，其中第二次北伐甚至

險些給自己帶來滅頂之災。這可能得歸功於當年國內著名憤青王玄謨給皇帝灌了大量迷湯。他聲言進攻華北的勝算極高，使得健康狀態不佳而判斷力下降的劉義隆臨老中二了一把，打算動員全國兵力舉辦一次盛大的北伐。

此時，真正知兵的大將沈慶之出言制止，他認為耕作要問農夫、紡織該問婢女，怎麼會把軍國大事交給這些白面書生來議論？但務實分析遠不如理想來得吸睛，放在哪個時代都一樣。劉義隆雖然覺得沈慶之比喻幽默，但文青小草還是比這些帝國老木頭來得可愛，於是採信了王玄謨，元嘉北伐❷行動就此展開。

後來王玄謨在大軍北進的過程裡，充分演繹了什麼叫做紙上談兵，在包圍重鎮滑臺的時候，面對幕僚建議採用火箭進攻城中茅草屋，他憤怒地表示以後滑臺打下來就是我的了，怎麼可以放火燒？聽聞附近百姓對南朝懷有感情，他居然用敲詐的方式，要求在地人用八百個梨來換自己帶來的一匹布，表面上很懂做生意，實則渣男本質盡顯，讓當地人頓時傻眼。

---

❷元嘉北伐：分別於四三〇年（元嘉七年）、四五〇年（元嘉二十七年）及四五二年（元嘉二十九年），由宋文帝發起進攻北魏的戰爭。目的為收復南宋河南區域失土，但三次皆失敗告終。

更魔幻的是，北魏主力騎兵團已將南下，必須要有城防才有可能阻擋對手強大的野戰部隊，所以應該加緊攻城，不曉得什麼原因，王玄謨居然氣定神閒地繼續悠哉，讓人以為他一定有什麼神招，等敵人一到就讓對方灰飛煙滅。

結果等到北魏鐵騎一出現，王大帥帥不過一秒，居然趁夜自己一個人，跑了。在碻磝❸的輔國將軍蕭斌看到這位豬隊友，恨不得一刀把他砍了，結果就是北魏大軍至此絕地大反攻，從滑臺開始像決堤的洪水，漫開在整個劉宋帝國北部疆域六州，大肆地屠殺搶掠。

據《資治通鑑》記載：「**（北魏大軍所過之處）丁壯者即加斬截，嬰兒貫於槊上，盤舞以為戲。所過郡縣，赤地無餘。**」

拓跋燾更是一路來到長江邊上，跟金陵城僅隔一水之遙，劉義隆當時無比恐懼，想起了他因為猜忌而殺害的檀道濟，並發出感慨：「如果檀道濟還在，胡馬又怎麼可能到得了這裡？」十足將工具人用盡放棄，才忽然懂得珍惜，這或許也是為什麼他欣賞王玄謨的原因，原是此對渣男君臣的本質互相吸引。

不過北魏打到這裡也算是強弩之末，軍隊在敵國主場上，並沒有成功拔得幾座重鎮、獲得充分補給，就算四處燒殺搶掠，也是損敵一千，自傷八百，又因水土不服與作戰時間過長，騎兵減員更是驚人，於是拓跋燾也決定罷兵北歸。

《南朝龍捲風》地獄級笑話：父慈子孝，兄友弟恭

這場軍事上的浩劫在劉宋造成了兩個意想不到的政治地震，一是劉義隆聽聞自己曾經親密無間的弟弟，彭城王劉義康在戰亂中得到有心人士的扶持，可能取自己而代之，於是心一橫，送去了一杯毒酒。

二是劉義隆的兒子，太子劉劭，早在北伐之前就各種出言反對，但父親中二的程度遠超想像，最終釀造「元嘉草草」❹的歷史笑話，太子與皇帝之間本來就存有矛盾

❸碻磝：城名。故址位於今山東省茌平縣西南古黃河南岸。

❹元嘉草草：出自辛棄疾的〈永遇樂・京口北固亭懷古〉。元嘉為宋文帝劉義隆的年號，此句諷刺宋文帝好大喜功，輕率北伐而失敗。

的關係更加激烈，在這個關鍵時刻，太子居然信奉了巫師，打算透過詛咒的方法加速皇帝換人的手續。

這段可視為歷史上最違倫理的關係大戲，和《台灣龍捲風》有得一拚。當時劉劭跟自己的二弟劉濬時常犯錯惹怒父皇，時常在被譴責與可能遭到罷黜的恐懼裡徬徨不可終日。

在一次偶然的狀況下，他們得知姊姊東陽公主劉英娥手下有個叫嚴道育的巫女，施法相當靈驗。於是兩人透過公主婢女王鸚鵡在中間牽線，找來嚴道育對自己父親施行巫蠱詛咒。

嚴道育為了完成任務，在含章殿前準備了一尊玉人，並埋在土中，祈求劉劭、劉濬的皇帝爸爸早日入土為安。

但堂堂太子、王爺跟兩個女孩又怎麼有辦法輕易在太歲頭上動土？於是又拉上了僕人陳天興與一名太監慶國共同執行。有趣的是，陳天興這塊小鮮肉同時擁有兩個身分，一為王鸚鵡的養子、同時也是王鸚鵡的男寵，可想而知此時的東陽公主府每夜都在上演多麼東洋成人的劇情。

沒有多久，公主劉英娥過世，王鸚鵡按理要嫁人。劉濬決議安排把知道最多祕密的王鸚鵡嫁給自己的幕僚沈懷遠做妾，以此方便控制；對王鸚鵡來講，陳天興再怎麼可愛年輕，也終有一天會年老色衰，而且他就只是個奴僕，尋求刺激可以，託付終生不行，於是答應了劉濬的安排。

而且，她做了一個恐怖的決定：為了防止陳天興愛情落空後產生報復心態，進而將他們埋玉人的祕密抖漏出來，必須將陳天興滅口才行。而堂堂太子劉劭居然也就接受了這個想法，最終暗殺了陳天興。

小小太監慶國眼看有顏、有愛，備受青睞的小帥哥都可以這麼草草被收拾，嚇得直接連滾帶爬跑去跟劉義隆告密，要這個皇帝父親管管他那兩個被巫女迷得喪心病狂的兒子。

事情曝光之後，劉劭自覺跟父親的關係已經不可能恢復，於是惡向膽邊生，最後他派遣將軍張超之在一個黑夜衝進皇帝寢宮，將皇帝劉義隆斬殺於血泊之中。這是華夏帝國極為混亂的歷史上，第一次有太子殺皇帝，算是一樁驚世世界紀錄。

這麼有違倫理的劇情，小說都不敢這麼寫

與此同時，北方魏國卻也發生極為相似的混亂局面，皇帝拓跋燾在結束南征的歸途，收到了自己兒子拓跋晃去世的消息，原因是這個太子在監國階段與中常侍宗愛關係不睦，後因宗愛誣陷太子兩個左膀右臂等級的幕僚，拓跋燾下令處斬二人，更讓太子憂慮加劇，最後英年早逝。

拓跋燾忽然在此刻才感覺自己被騙，心情非常鬱悶。太監宗愛眼看皇帝情緒已經要從悲傷、抗拒、後悔轉到憤怒了，知道自己末日將至，於是也拚了一波「驚世世界紀錄」——他殺掉了自己的主上、一代明主拓跋燾。

南北兩大帝國的皇帝，居然各自被自己兒子、家奴取了項上人頭。

而南朝更直接的影響是，從這一刻開始，人倫已經不再是一段關係的維繫憑證，更多變成互相屠戮的最佳藉口。劉義隆第三子，劉駿，在獲知自己哥哥們的惡行後，從長江上游順流而下，直取金陵，稱孝武帝。他在殺掉兩個元凶之後，也看似大義滅親地將他們兒子、妻妾一併誅除。

然而，劉駿自己也不是什麼道德倫理的維護者，當他入主首都後，立刻將自己的幾個堂妹通通納入後宮，由此惹惱他在江陵城的叔父劉義宣。於是劉義宣立刻率兵再攻金陵，但最後仍以兵敗收場。

如果覺得故事到這裡還不夠重口，劉駿還留下了一個與母親之間的曖昧記載，沈約（南朝史學家）曾寫道：「**上於閨房之內，禮敬甚寡，有所御幸，或留止太后房內，故民間喧然，咸有醜聲。宮掖事祕，莫能辨也。**」❺此外，還有一段他與自己嬪妾殷氏的小故事，傳說因為劉駿實在太愛對方，以至於後來都捨不得幫對方下葬（其餘留待自行想像）。

但凡多點手足情，劉宋都不會滅得這麼早

劉駿的兒子，史稱前廢帝的劉子業同樣也是個情種，登上皇位之後，因為他實在

❺出自：《宋書．列傳第一．后妃傳》。

太喜歡姑姑新蔡公主劉英媚，於是在公主朝拜時，留她住在宮中，並且將一個婢女祕密處決後送歸駙馬，睜眼說瞎話地指出：公主忽然在晉見時暴病身亡，然後幫這位公主改名為謝貴嬪。

而劉子業的姊姊山陰公主則曾向弟弟抱怨：憑什麼你有後宮三千，我卻只能有一個駙馬？果然不是一家人不進一家門，於是公主喜獲皇帝弟弟送給她三十個男寵，可說是超級成功的享樂主義者。

而這個王朝最後一個還算握有實權的皇帝劉昱，則是一個喜歡去寺廟裡面偷狗吃肉，並且也以害人為樂的叛逆青年。

西元四七七年的農曆七月七日，他跟自己的侍衛楊玉夫說：「今天是七夕，織女渡銀河的時候要來通報我，否則送你下地獄。」一番話聽得侍衛心裡苦，他知道皇帝是個言出必行的人，所以乾脆先下手為強，就貼心地把這個精神狀況有問題的人先一步送上天，去讓他看織女星了。

諷刺的是，這個「南朝宋」自詡自己是華夏正統、衣冠之所在，貶斥當時北方的魏國是偽朝蠻夷，結果自己做的事情更是骯髒不堪。

撇開這些八卦不講，我們來看看劉駿同輩的幾個兄弟最後都是什麼結局：大哥、二哥因為殺害父親，所以被誅除；四弟南平穆王劉鑠因終歸不是皇帝親信，最後被賜予毒酒；六弟竟陵王劉誕一向力挺劉駿，兩次起兵都立有赫赫戰功，但仍然被猜疑，最後被迫造反，除自己被害外，連藏匿民間的兒子也被誅殺，劉誕死時年僅二十七歲；八弟東海王劉禕同樣死於造反疑雲，被逼自殺。

南朝經歷過這麼多起的同室操戈，也注定了日後國祚難以長久。兄弟之間毫無信任可言，就只能把權力交給典簽❻，如此一來，在宗室內部混亂的狀況下，外姓武將掌權就顯得難以避免。

而素有威望又平定劉休範之亂❼的蕭道成，比起劉裕耗費整整十五年才篡位，他只花了五年就走完流程，建立南朝第二帝國——齊，他登基後是為齊高帝。

---

❻典簽：劉宋、南齊時期設置的官位名。原只是協助地方州、府行政衙門處理文書，到宋中後期，典簽負責輔助未成年諸王處理軍政要務，對成年諸王則有監管之責。

❼劉休範之亂：為四七四年（元徽二年）發生的皇室叛亂。宋明帝死後，當時年幼的太子劉昱即位。身為宋明帝之弟的桂陽王劉休範，認為自己血統尊貴，卻未能被重用而心懷怨懟，遂舉兵叛亂，後被蕭道成的部下所殺，死時年僅二十七歲。

不藏了，直接劇透，這個短命的齊帝國自建立到滅亡，只經歷了二十三年。

齊高帝蕭道成建國之後，先按照既定流程，將劉宋王室屠滅，而最後一位小皇帝，彼時不到十二歲的宋順帝劉準，在預知自己的悲慘命運後感嘆地說：「**唯願後身，生生世世，不復天王作因緣**」。這句話是感慨，卻也彷彿是詛咒。

蕭道成稱帝後四年病故，其子齊武帝蕭賾遵照父親遺志，記取前朝經驗教訓，避免對自己親手足過度殘酷，但不幸的是，他的接班人，文惠太子蕭長懋英年早逝，使得齊武帝駕崩前，還在最高領導階層中出現一次混亂。

齊武帝本人希望讓皇長孫蕭昭業繼承大統，但在當時朝廷中還有另一股力量，即是聚合在齊武帝二子，竟陵王蕭子良身邊的竟陵集團，文學史上稱「竟陵八友」。這個竟陵集團成員包含：後來寫《宋書》博古通今的史學家沈約、李白最崇拜的詩人謝朓、野心強且有實幹的王融，還有一位後來當皇帝的蕭衍。當時他們就覺得與其交給皇孫統治，還是國有長君來得比較安全。

而且這位皇孫蕭昭業，講起來也是影帝等級的存在，父親與祖父即將相繼過世的這段時間，對外他雖然表現出極度悲痛的樣子，實際上他除了找來巫婆詛咒兩人，還連連寫了三十七喜字給妻子，預祝自己即將登上大統。

而這一次蕭昭業能半場開香檳的資本，源於當時西昌侯蕭鸞的支持。這個蕭鸞，原本是蕭道成哥哥的兒子，但因為哥哥早死，蕭道成便將姪子養在身邊，然而這個善意的決定，可能會讓泉下有知的蕭道成氣到棺材板壓不住，再活過來好幾次。

蕭鸞知道竟陵集團可能會趁齊武帝蕭賾病重時，假傳聖旨扶蕭子良上位後，於是提前部署武裝力量，趁蕭賾迴光返照之際，趁勢逮捕了核心主謀王融等人，並且扶植蕭昭業「坐穩」皇位。

此後，蕭鸞再利用自己身邊耳目，逐步架空行事荒淫的小皇帝，並且誅殺曾經在戰場上立有赫赫軍功的大將軍周奉叔，最後再上演滿皇宮追殺蕭昭業的慘劇。

金陵的王霸之氣，被皇位大風吹給吹沒了

但慘劇哪可能這樣就畫下句點？當蕭鸞成功把蕭昭業首級砍下，也當上帝國領導

者（稱齊明帝）的時候，便開始感覺到周圍的宗室存在有多危險，於是沒有安全感的蕭鸞在此後，猶如前朝的宋明帝劉彧，大行屠戮自己的宗室手足，他一共殺了蕭道成、蕭賾父子的後代子、孫及曾孫二十九人。

也不知道蕭鸞是不是劉彧轉世投胎，畢竟這兩個人都善於在殺人前進行各種政治表演。柏楊先生在他注解的《資治通鑑》，特別用了他們當作兩本書的標題，分別是〈劉彧詔書〉與〈蕭鸞眼淚〉，就是他們都會祭告神靈、書寫文告講自己有多麼善良純潔，希望自己的親族能夠和睦友愛，無奈對方實在是太喪盡天良，自己為了祖宗基業，必須要做出如此痛苦的選擇。

後來人人只要看到他們情緒低落，就會立刻意會到：陛下心情不佳又要準備殺人了。有趣的是，與劉宋相同，在殺人如麻的「明帝」離世之後，他們傳位的都是更加荒唐且無能的小皇帝，前者傳位給廢帝、偷狗吃肉的狂徒劉昱，後者則傳位給亡國昏君蕭寶卷。

經歷了這兩朝的荒謬歲月後，皇帝與自己手足、親戚之間的不可調和性已然徹底爆發，而金陵王氣也已然在這波自相內鬥的局面下，即將徹底消散。

歷史情境對話站

1. 南朝是文風興盛的年代，謝朓、謝靈運、范曄、丘遲、蕭綱、劉義慶等留下不朽著作的作者比比皆是。但這個時代又彷彿是最失序的階段，思想上佛道儒三家爭霸，政治更是混亂，這是專制時代的換氣時間？還是相較之下社會風氣自由的代價？
2. 南北朝發展前期，劉宋帝國的版圖與外交環境，比起北魏皆更具優勢，為何越往後發展，距離反而被徹底拉開？
3. 南北朝九次大型南北戰爭所締造的亂世故事更多，為何比起三國與戰國時代，文人反而對這段歷史著墨甚少？

延伸關鍵字　想知道更多，請搜尋——

#元嘉之治　#檀道濟　#《宋書・二凶・劉劭傳》　#竟陵八友　#周奉叔

【18】

洛陽這群天龍人，竟因歧視造成六鎮之亂？

「剝奪人民的人權就是挑戰他們的人性。」
——曼德拉

歷史小檔案

登場人物

魏太武帝、崔浩、蓋吳、胡太后、魏孝文帝、破六韓拔陵

發生年代

5 世紀～ 6 世紀

國際上正發生

- **南天竺**：僧人菩提達摩，在這個年代抵達了長江流域。
- **拜占庭帝國**：此時正迎來一位只差臨門一腳就完成復興羅馬霸業的皇帝，他所編著的《查士丁尼法典》沿用至今，並將首都打造為日後千年全球最繁榮的城市之一，他就是查士丁尼一世。

北魏帝國自建立之初就已經矛盾重重，經過多年征伐、刀劍舔血，終於在孝文帝階段找到了一個與農耕民族最好的相處模式。然而草原、農耕的雙元性加速了這個帝國的危機，最後因為六鎮之亂，加上國家的政策使離心力加劇，而使歷史加速進入了下一個篇章。

在南方混亂的朝代交替之際，北方也正在回答歷史給它們的大難題；北魏帝國雖然武德豐沛，但是自身矛盾也多到難以化解。

悲劇太武帝：家族糗事被直播，天下還差點被奪走

早在魏太武帝還在位時，就因為重用清河崔氏的一代天才——崔浩，引發後來一系列的複雜矛盾，崔浩決策可以說是神級的存在，能與他比肩的大約只有往前幾十年的王猛，以及百年前的諸葛亮。

然而因為崔浩與北魏其他士族的利益矛盾，以及修撰國史的時候，將早期鮮卑發家時難以啟齒的「倫理大劇」毫無保留地完整呈現，並且刻碑立石，全方位展露給國人觀看。

這下子平城百姓都知道：北魏建國者拓跋珪如何與自己的姨母發展愛情，又是如何被自己的兒子拓跋紹害死，這樣的故事當著首都大街二十四小時直播，當然讓拓跋燾面上無光。

最後帝國便以此為理由，將清河崔氏這個百年大家族連根拔起，全族滅絕。

這顯示的當然是帝國內部的民族矛盾、權力矛盾的雙元問題，在帝國看似走向全盛的時候，也有盧水胡人蓋吳以一句讖語：「滅魏者吳」作為口號，居然能號召十萬人響應，於四四五年（太平真君六年）發起叛亂，一度兵鋒還直指重鎮長安，史稱蓋吳起事。

也同樣是在這個階段，由於當時長安寺當中藏有兵器，讓拓跋燾懷疑僧尼當中是否混入蓋吳的軍隊，由此拉開三武滅佛❶的序幕。

民族有矛盾、宗教有疑慮，所有的佛寺自此被毀壞，連帶影響就是政局的混亂，因為篤信佛教的太子也從此與皇帝存在芥蒂，這種父子猜忌造就小人可以從中挑撥的空間，最終中常侍宗愛的多次恐嚇，讓太子一病不起。

此外，太武帝還得應付宋文帝發起的元嘉北伐，在四五二年，北魏的君王拓跋燾生命也以意想不到的方式走向盡頭（而聽聞此等好事的宋文帝，又草草發起了最後一次北伐）。關於太武帝的死因眾說紛紜，如攻打柔然的途中染上重病、在狩獵時不注意摔下馬，也有坊間傳聞，一代雄主居然被自己的家奴，恐懼因為挑撥皇帝與太子關係而被清算的宗愛害死。

孝文帝的改革三寶，續命帝國六十年

不過經過拓跋燾的努力，北魏基本完成了對更北方的游牧民族柔然的平定。《資治通鑑》記載了四四三年中，關於北魏略陽王拓跋羯兒的一件壯舉：「**略陽王羯兒收**

❶三武滅佛：為史上三次大規模的禁佛行動。分別為：北魏太武帝、北周武帝、唐武宗所為，因三位掌權者廟號或謚號皆有「武」字，故為三武。

柔然民畜凡百餘萬。自是柔然衰弱，屏跡不敢犯魏塞。」

為了應對這百萬級的奴隸、牲口、婦孺，北魏沿用了自拓跋燾擔任太子時就創立的六鎮制度，展開對這場戰爭後所帶來的戰利品進行管理與分配，自此原本的軍事防禦措施被賦予了殖民的新任務。

這其實也為日後孝文帝拓跋宏遷都洛陽打下基礎。國都所在之處，在古代往往是最具軍事意義的重鎮，無論是周王國的鎬京防西戎、漢帝國的長安防匈奴，或者是北魏建國時以平城為首都，都可以看出這個規律。然而當北方強大的柔然已經不再是威脅，那麼皇帝與中央強大的部隊就必須要更靠近自己的外患——也就是南方，洛陽就成為戰略目標上的首選。

而孝文帝改革是一項延續帝國統治最重要的變動，主要內容有三：班祿制、三長制與均田制。

◆班祿制：人人每季都有薪水領

班祿制的出現是為了解決帝國肇建之初就存在的問題：他們不發薪水給官員。那北魏官員是人人願意做功德，把平城當成功德院，各個來做義工嗎？

勸各位不要妄想一個權力極大的人可以真的耐得住清貧，北魏統治者這種不發錢的動作，彷彿在對底下百官說：「想要你的薪水嗎？想要的話可以全部給你，去找吧！財寶都在人民的口袋裡。」

這就是為什麼北魏建國以來，各地農民起義與戰亂，幾乎要讓強大帝國消滅在自我內耗當中。班祿制就是將官員薪水的問題制度化，按照等第來分配薪資，對平民與官員來說，都會為這個政策鬆一口氣，可說是孝文帝來了，青天就有了。

其實也不能怪皇帝不發薪水給官員，搞得整個官民關係像是黑暗叢林法則，畢竟早年北魏財政問題的確很嚴重，許多華北的有錢人都躲在塢堡裡，而塢堡其實很有陶淵明筆下桃花源的色彩。

當時因為戰爭頻繁，富戶大族會占山據水，興建具有防禦效果的建築，他們的家人與奴僕就會在這片小天地裡耕種、生活，過著自給自足且沒有政府可以管理的生活，平時收攏流民充作塢堡的防禦力量，真正發生戰爭時，也能成為家族以及周圍百姓的避難所。

但這種脫離帝國統治的個體，也就成為了稅收的死角，當一個收稅官員被派到窮山僻壤來，看到凶神惡煞的堡主跟他的親衛隊，以及一些錢跟命隨時都可以不要的流民，他有多大的膽量敢提到繳稅？

如果帝國政府夠強大，就能以武力進行恫嚇逼迫堡主繳稅，但只要不小心升級成流血衝突，對雙方來講都絕對得不償失，政府並不是想殺人還誅心，他們很單純地只是想要平民身上的黃金。

◆三長制：讓幽靈人口徹底還陽

所以孝文帝才要推三長制跟均田制，要能給官員發薪水，那錢必須得由稅收支付，提高稅收就是要瓦解塢堡以及流民問題。所謂三長，就是以五個家庭為鄰、五個鄰為里、五個里為黨，再各自設立鄰、里、黨三長進行管理，由此打造一個更方便政府管理的戶政體系。

◆均田制：人人有地耕

均田制則是有效地讓塢堡裡的流民主動願意離開，一旦回歸政府戶籍謄本上有紀錄的身分，雖然是要繳稅了，但也可以獲得土地。權衡之後使得大量人口不再是隱匿的黑戶，逐步走到陽光下成為政府可以收稅的對象。

過往曾經有說法認為王猛的「金刀計」與主父偃的「推恩令」，是歷史上最防不勝防的險惡陽謀——中計者在完全知道對方要做什麼的狀況下，無可奈何地一步步踏入已經設好的陷阱。

但真正高手恐怕是北魏孝文帝，在雙方資訊透明的狀況下，各自找到了賽局博奕中獲勝的可能，平民有了土地、政府有了稅收、官員有了俸祿，帝國這才找到了延續生命的方式。

漢化只是孝文帝建立政治形象的一環

真正的聰明人，不是在短期賽局裡獲得海量利益、但同時埋下仇恨與危機，而是能在長期博奕的過程中，找出利益極大化的公式。

往後，孝文帝遷都洛陽與幾次南征，更是將北魏的內政問題外部化，透過塑造假想敵來強化自身認同；然而，「漢化」這個在過往最被稱頌的舉措，卻是一帖副作用極大的猛藥。

「漢化」其實不是改革的重點，而是孝文帝必須建立一套新的班底，來應對一系列改革後的政治局勢，也就是他們拓跋本家的舊貴族，必須得讓出話語權跟影響力，於是一個意識形態的表達，成為了忠誠度檢驗的標準。

這有點類似後來南方的梁武帝為什麼捨身同泰寺、出家四次，綜觀他的家族，其實都有很深的道教信仰，連他本人早年都還跟道士陶弘景過從甚密，使對方有了山中宰相的稱號，後來怎麼忽然就信仰佛教、而且比任何人虔誠呢？

皇帝這個物種，是絕對頂尖且高明的政治動物，梁武帝很清楚，在一個南北兩朝都篤信佛教的年代裡，只要我能把自己的形象與菩薩無限度的連結，就很能夠轉化為實質的政治號召力。

孝文帝真的對漢文化感到痴迷嗎？其實更多的是他顧慮到：一旦在注重五德終始、儒家文化繼承者這些政治圖騰上，與當世人相信的條件，如：「天命無常，惟有德者居之」（又稱儒家的法統、道統、禮儀之統），自己站在道德高地時，他的影響力將可以跨過大江南北。這也就是為什麼他在接見南方使臣時，要特別講：「江南多好臣。」

洛陽暴發戶亂炫富，六鎮老錢❷深感被冒犯

可一如漢高祖劉邦再怎麼英明地創建郡國並行制，也免不了七國之亂一樣，一個人要能功在當代，就已經無比不容易，又怎麼有辦法利在千秋？孝文帝的南遷、漢化在幾代人的演進後，就出現了一個巨大無比的新問題：來到南方富庶之地後，怎麼可能再像過往一樣保持剽悍、安貧的生活模式？

大量北魏的宗室貴族開始鬥富、炫耀。例如河間王元琛❸曾經講過一句經典名言：「不遺憾我沒見過石崇❹，只遺憾石崇沒見過我。」而聽完這句話、自以為已經算有錢的元融也感到十分苦惱，由此可見當時帝都的經濟的確是正處鼎盛時期，但貧富差距必然已經拉大到國家瀕臨危險的邊緣。

❷老錢：流行用語，old money 的直翻，指家族頗有淵源的豪門貴族。
❸元琛：魏文成帝拓跋濬之孫，北魏宗室、官員，性格貪腐。
❹石崇：西晉開國功臣石苞之子，是古代著名的超級富豪。因富有而被尊為「季倫財神」（季倫為其表字），臺灣有廟宇奉祀。

而也在此時，原本在六鎮的舊有貴族更加感到不滿了，過往自己在帝國是可以控制大量牧奴、牲口與財貨的上等人，現在跟洛陽的天龍人一比，才知道自己根本就不能算是人。

於是六鎮的長官加速對底層軍民的盤剝，由此來滿足即將蕩然無存的優越感，而更基層的這些軍戶，看見那些腦子不清楚每天只能借酒澆愁的長官，更感覺不到自己有升遷機會，於是在一個大家都很鬱悶的情緒裡，只待一根導火線的出現。

六鎮之亂，是中央的無情，還是業力的輪迴？

而因防範柔然崛起的六鎮，命運發展也勢必與六鎮息息相關。柔然在一次大饑荒中，向北魏帝國求助，但洛陽方面對此極其冷淡，這讓柔然可汗阿那瓌暴跳如雷，於是立刻舉兵數十萬南下劫掠六鎮地區。

從地圖就可以知道，六鎮與柔然幾乎同屬草原氣候，如果北方發生飢荒，六鎮地區也不可能獨善其身，等於在這裡的軍民們慘遭二度傷害。

當柔然鐵蹄滿載物資離開後，六鎮人民只好向當時北魏中央派駐的懷荒鎮大將于景求助，但本應力挺鎮民的他，這次反應跟中央面對柔然一樣冷淡，立刻就拒絕了，這下已三度受傷害的平民再也受不了，於是殺害了于景，這也使得洛陽與六鎮的衝突已徹底不可避免。

於是隔年的五二四年，沃野鎮民——破六韓拔陵聚眾起事，並迅速攻破沃野鎮，稱六鎮之亂。大約當時也沒有人想到，這會是一場改變東亞此後命運的大事件。

因為隨著這場亂事到來，小一點的影響是北魏帝國後來滅亡，帝國最高統治者胡太后居然殺了自己親生兒子，而後國家最具影響力的統帥爾朱榮率兵進京，誅殺了太后以及兩千多位官員。

大一點的影響是，此時從這六個殘破且戰火未歇的土地上，走出了高歡、宇文泰、李虎、楊忠、獨孤信，這五個人的共通點是，他們的後代毫無意外地都成為了皇帝，並且建構了華夏第二帝國的新局面。

六鎮之亂的發展很令人唏噓，北魏朝廷最終竟聯繫了柔然，請求對方出兵十萬，才把這場亂事平定。原本創立是為了防範柔然、奴役柔然的六鎮，最後居然亡於北魏朝廷與柔然的合作，也算是業力輪迴、難以避免的一場悲劇。

但因為這次變亂影響過深，不但北魏宗室當中的邊緣人、尋求政治庇護跑來北魏的前南齊宗室蕭寶夤先後稱帝，造成北國大亂；五二九年，連南梁都派遣一支特種部隊交由陳慶之率領北伐，趁勢來到了洛陽進行騷擾，而最後也使得帝國核心的政治鬥爭更加白熱化，權臣宇文泰與高歡將帝國一分為二，從此南北朝走向了最後終結的倒數計時。

立意良善的孝文帝改革成功，使得洛陽權貴有了足以傲視帝國任何群體的資本，但這樣的相對剝奪感，卻也正促成了日後國家滅亡的原因。

歷史情境對話站

1. 孝文帝的漢化改革有自斷文化根基之嫌，但也成功為國家續命數十載，以此來看孝文帝的舉措是成功還是失敗？

2. 對於古代帝國來講，究竟是維護自己文明重要，還是維持自身的統治權重要？可舉例出同樣失去自身文明的國家會有何下場嗎？

延伸關鍵字 想知道更多，請搜尋——

#高歡 #宇文泰 #三長制 #班祿制 #蓋吳起事 #陳慶之北伐

#于景

【19】

安史之亂背後，大唐盛極而衰的關鍵

「舞妓歌姬盡暗捐，嬰兒稚女皆生棄。」
——韋莊〈秦婦吟〉

歷史小檔案

登場人物

武則天、安祿山、張巡

發生年代

7 世紀

國際上正發生

- **阿拉伯世界**：此時崛起的伊斯蘭教，將震撼整個歐亞大陸，並且徹底改變地緣政治的格局——651 年，波斯人的薩珊王朝徹底消亡，而拜占庭帝國則永久地失去大片領土，實力自此後亦遠不及查士丁尼一世統治的時代。
- **法蘭克王國**：由穆斯林主導的奧瑪亞王朝，陸續進攻伊比利半島。在 732 年的圖爾戰役中，法蘭克軍隊大敗奧瑪亞，進而使法蘭克王國內部的墨洛溫家族力量逐步強大，此戰役也減緩了伊斯蘭教在歐洲傳播的速度。

唐帝國中衰，許多人會將原因歸咎於安史之亂，但是其實早在亂世到來之前，宮廷、朝野內外就早已經危機四伏。武則天下臺之後的六次政變，血洗了中央最高權力，而河北地區的積怨已深，也埋下了日後與關中力量對決的導火線。

盛世，往往是透過燃燒底層所釋放在歷史夜空裡的煙火，大唐幾次繁花錦簇的年代，其實伴隨的也都是政變、流血與百姓的苦難。

唐帝國一直是擁有兩張面孔的，一方面其開放與大度，讓當時東亞最頂尖的人才幾乎都能在朝堂上找到一席之地。

但一方面，這個國家的天子曾經九次為了躲避叛軍兵鋒落荒而逃，長安城六次陷落在叛軍手上，甚至吐蕃都在一次唐將知情不報的狀況下，偷偷摸到了渭水河邊，成為帝都十五天的主人。

大唐是從哪開始不對勁，修但幾咧……

往往我們對唐帝國的印象，停留在一場安史之亂徹底打壞了國家上升的趨勢，使得唐帝國，甚至是整個華夏，從此千年整體國運往下轉衰。現在，如果先暫且不看安史之亂八年期間，帝國中央做的那些錯誤決策，如：

自毀長城地殺掉封常清、高仙芝，逼得哥舒翰自殺式衝鋒；坐視張巡死守睢陽而袖手旁觀，直到發生全軍殺妻、吃人仍然集體覆滅的慘劇；唐肅宗無視天才戰略家李泌叫他放棄兩京，直搗河北的戰略，最後好大喜功，使得叛軍得以捲土重來；還有腦殘到讓外行宦官監督郭子儀、李光弼率數十萬大軍與叛軍對決，結果中央軍崩潰、讓杜甫寫出〈石壕吏〉，並做出逼迫阿嬤上前線做飯的荒唐事蹟；或者天下兵馬大元帥李俶（即唐代宗李豫）為了能夠讓回紇出兵，居然做出攻下洛陽可以開放讓游牧民族在城內劫掠的承諾，無視自己子民的生死，給異國做自助餐……

等等，列完這些林林總總，我心中忽然有種強烈的感受吶喊：「大唐還是毀滅吧，趕緊的。」

現在，我們把時間調回到武則天讓出權力的那一刻，很多過往對唐朝女主禍國的敘事應該都會停留在這裡，然後快轉直接到開元盛世，以此來滿足武則天之前是貞觀之治，她則是盛世黑洞的見獵心喜之情。

事實上還真不是這樣，武則天在位期間當然有很多黑暗的亂政，但她基於鞏固自身權力大舉提拔的山東士人，也都在開元盛世期間起了極大的重要作用。例如寫下「**海上生明月，天涯共此時**」的賢相張九齡，就是武則天時代選拔出來的進士，姚崇、宋璟、張說也通通都是武則天時代留下的人才。

而象徵武周還政李唐的神龍政變之後，帝國脫離了武則天的掌控，隨即又陷入無數次的內鬥跟血腥的宮廷陰謀之中，短短十餘年六次政變、六次大清洗。

整個唐朝都是靠吸河北的血發家致富？

而締造開元盛世的最重要原因，在於當朝宰相宇文融想到了一招可以讓平民再次願意回歸帝國統治體系的辦法：交上一千五百錢，由此免除五年的租庸調義務，想想用錢可以換得五年的自由之身，怎麼看都很划算。

於是一時之間，八十幾萬戶開心繳錢，朝廷與平民都笑了，但有一幫人非常不開心，那就是當時帝國內部的豪強與官員。

以前流民多、可以兼併的土地多，能夠用低廉價格買到奴僕，甚至用奴僕的人數作為自己上報朝廷要求分更多土地的籌碼，這下也全被弄沒了。於是締造盛世但擋人財路的宇文融，最後被流放到崖州（今海南一帶的三亞），更悲慘的是，在他前往途中就抱病而亡。

但是社會的賺錢需求仍一直都在，朝廷中央在下一任宰相裴耀卿的提點之下忽然想到，帝國還有兩個錢袋子，真的需要掏錢也絕對不能忘了——江南與河北，特別是大隋在滅亡前，還打造了大運河❶這條運錢的動脈。

河北是一片神奇的土地，唐帝國以前，無論是滅商的周、消滅六國的秦、統一天下的漢都來自於關中，但能夠與關中力量抗衡的，往往就是河北地區。劉秀能夠重振漢家天下，就倚仗他在河北經營的強大實力；袁紹也曾經打算以幽、并、青、冀四州之力消滅天下群雄；北魏帝國崩潰之後，最具統一天下資本的也是以河北作為根據地的高歡家族，這也就形成了千年以來關西與關東力量抗衡的局面。

直到開元年間，河北三鎮之地總計六百多萬人口，卻貢獻整個帝國約三分之一的賦稅，一方面可以看出這裡的富饒，但一方面也可以感受到帝國核心對這個區塊吸血之狠。

這就說明，為什麼後來安史之亂結束於唐廷妥協，給予地方強大自治權後，河北第一話事人、魏博節度使田承嗣，居然為安史父子四人立祠堂，謂之四聖。安祿山造反造到失敗被滅，居然可以立刻被奉祀入廟的，這只能說明對河北人來講，安祿山造反是承天意、順民心。

安祿山的造反，是唐朝制度崩壞累積的共業

如果說節度使制度與邊疆軍隊擴編，是為了解決均田制已經無法分配六千萬以上的人口，所以不得不用的應急措施，那節度使後來權力失控，就只能說是無論換上編

❶大運河：現稱「隋唐大運河」，目的為從各地運送首都所需的物資。以首都洛陽為中心，南至餘杭（今杭州），北到涿郡（今北京）。直到元朝，功能才被忽必烈修築的京杭大運河取代。

有《長行旨》的李林甫❷還是諸葛亮，恐怕都難以解決的政治死結。

有一個反覆被推敲的歷史片段是，安祿山再一次對契丹用兵失敗，他的頂頭上司張守珪很守規地把他送到長安，就在張九齡認為按律當斬時，李林甫出聲制止，導致帝國後來陷入萬劫不復。

但是如果你知道此時此刻河北遺留的歷史問題、均田制與府兵制度的破壞，以及各鎮節度使都在大爆兵的狀況，或許就會忽地驚訝發現：被決定好的歷史並不會改變，只是換上另一個李祿山、呂思明而已，這塊土地上仍然有極大的「造反」驅動力存在。

最後說一下張巡，這位在歷史上奇謀屢出，亂前最高官階也不過是一個長史的小小存在，居然硬生生用他的忠貞與堅持，帶領一小隊人馬就能在河南重鎮——睢陽，牽制住安史亂軍長達十個月，講起來令人心寒，就在整個華北地區幾乎聽到亂軍已經攻陷洛陽的時候，大抵官員的態度都是：改朝換代我們也一樣過生活，因此投降者不計其數。

反而是這樣一個長期被帝國「雪藏」的小人物，張巡拿出了「國家養士百年，豈可一朝盡喪」的氣魄與之周旋，他在睢陽城擋住十幾倍於己的敵人，透過草人借箭等手段，創造古代戰爭史上的奇蹟。

他在絕望中堅守的那段歲月裡，朝廷的援兵、各路勤王之師其實也都在不遠處，但硬生生沒有半個人願意真的發兵救援，坐觀這個奇蹟般的天才、大唐真正的忠臣與他手下數千將士化作肉泥。

或許是沒有人敢想像，如果讓這樣一位不世出的人才真正進入帝國核心，自己不救援的罪過將會招致多可怕的報應，於是圍城的叛軍無比希望張巡死，而表面上是友軍的唐朝各路蟲豸們，又何嘗不是抱有同等心思。

最後，張巡死，城破。唐帝國中央追贈他為揚州大都督，並在他死後十天就成功地攻破睢陽城，天下兵馬大元帥、玄宗的皇長孫李俶也成功收復洛陽。

但是，李俶早就跟異族傭兵做過魔鬼的交易，在神都洛陽歡慶重回李家懷抱的平民衝上街頭狂歡之際，迎頭劈過來的是回紇人的刀，李俶早就用全城百姓的身家性命作為給回紇的犒賞。

❷李林甫任相期間，主要整頓了自唐高宗時期開始逐漸惡化的官僚體系，並制定了《長行旨》以改革地方財政，同時在京師設立常平倉來解決長安長期的糧食短缺問題，還編纂了《唐六典》等。

所以我才說，大唐還是毀滅吧，趕緊的。

可能這時讀者也會想問一句，為什麼文中都沒提到沒事就被拖出來鞭屍的楊貴妃？那是因為帝國興衰與否，一個根本無權的女人，就不該負任何責任。

歷史情境對話站

1. 唐帝國是個對異族開放且文明的國度，文化甚至遠渡重洋傳播到日本，但你會認為大唐是古代帝國中的典範嗎？如果不是的話，又是什麼原因？

2. 安史之亂是一次粟特族對唐帝國的入侵？還是唐帝國自身的內亂？或者是河北集團與關隴集團對最高權力的爭奪？

延伸關鍵字　想知道更多，請搜尋——

#河朔三鎮　#安史之亂　#宇文融　#《長行旨》　#田承嗣　#楊貴妃

#〈石壕吏〉

【20】

黃金家族大亂鬥，蒙古人從天而降

「倘若那善於運籌帷幄、料敵如神的亞歷山大活在成吉思汗時代，他會在使計用策方面當成吉思汗的學生，而且，在攻掠城池的種種妙策中，他會發現，最好莫如盲目地跟成吉思汗走。」——志費尼《世界征服者史》

歷史小檔案

登場人物

黃金家族（指成吉思汗及其直系後裔）、雅羅斯拉夫二世、馬可・波羅

發生年代

13 世紀

國際上正發生

- **拉丁帝國**：此帝國建立在充滿野心與慾望當中，十字軍第四次東征，於 1204 年攻占拜占庭帝國的首都君士坦丁堡，並建立拉丁帝國。君士坦丁堡的主人應該沒有想過，從西方來的這幫同宗兄弟，居然有一天對自己產生的破壞力，還遠勝過異教徒。

蒙古帝國的強大，足以用一家族的力量挑起整個歐亞大陸橫跨萬里的大戰。他們的征服如秋風掃落葉，但之後對征服土地的影響無遠弗居，並且因為歐亞的一體化，於是迎來了大航海前夕更為頻繁的東西交流。

蒙古如何成為十三世紀的天下霸主？

蒙古的強大，絕對是影響世界歷史發展的X因子，這個國家興起之快、影響之深，以及在各地所留下的故事之多，都與現在這個安靜的內陸沙漠、低調的草原之國有極大反差。

蒙古的強大在於：由於十三世紀氣候變化（中世紀溫暖時期），使得草原地區水草豐美、收成足以養活游牧民族、甚至還能向外擴張。

成吉思汗舉兵時，往往動用全國之力，像是攻打中亞強國花剌子模❶時，十餘萬

❶花剌子模：位於中亞西部阿姆河三角洲區的綠洲。在中世紀，崛起成為強大帝國。其領土涵蓋現今烏茲別克、哈薩克和土庫曼等地。

人馬連同家眷鋪天蓋地而去，對於不小心惹到當世戰神的花剌子模國王摩訶末而言，簡直是倒了大楣。而後，在對金、西夏、西遼、基輔羅斯諸邦的作戰，蒙古更是展現他們絕對的壓制性。

有一說認為，剛好這個時候東西方強大的帝國都處於衰弱的階段，這才使得蒙古有機會發展。

像是華夏第二帝國此時僅剩殘山半水，南宋雖然經濟尚可、海外貿易仍舊繁榮，但對外戰力卻不斷出現減損；西方十字軍戰爭已經到了尾聲，不但歐洲各國實力有所減損，傳統強權東羅馬也在威尼斯商人與十字軍野心的雙重打擊下，於一二〇四年迎來國都君士坦丁堡第一次淪陷，一群野心家在這裡成立拉丁帝國，嚴重削弱了對抗蒙古的能量。

而蒙古帝國最令人震撼的莫過於他們的版圖，從朝鮮半島一直到匈牙利，北抵西伯利亞，南到阿富汗與阿拉伯半島，並且影響了整整兩個世紀的時間，此後在他們統治過的土地上所建立的帝國，無論血緣、制度、文化、意識形態都與蒙古存在很深的連結。

拖雷的死，開啟黃金家族相互奪權的亂世

蒙古人的發展沒有能更深入踏足西歐與非洲，具體原因跟他們最高統治者的接班方式有關。儘管傳統上蒙古有幼子守灶❷的習俗，但這通常是指財產方面的繼承，蒙古的最高統治者，會是由庫里爾台大會的貴族們投票選出，這使得在成吉思汗死後，帝國統緒一度陷入四子拖雷系與三子窩闊台系的爭議當中。

與拖雷關係較為緊密的是長子朮赤；選擇跟窩闊台結盟的則是次子察合台，此後分為了兩派勢均力敵的陣營。遺憾的是，這個恐怖平衡隨著朮赤過世後，便使拖雷陷入了非常被動的孤身一人局面。

儘管一二三二年在蒙古與金帝國的三峰山之戰❸中，拖雷建立一如父親般巨大的軍功，僅以四萬人馬就大破對手十餘萬大軍，決定了未來金帝國無可避免的滅亡之

❷幼子守灶：又稱「幼子繼承制」，常見於滿蒙民族之間。指父親在世時，其他兒子陸續分家自立門戶，待父親過世，由正妻所生的最小兒子繼承父親剩餘的財產及社會地位。

❸三峰山之戰：發生於一二三二年，是蒙金戰爭中最重要的一戰。金軍在此戰落敗，逃散各地，兩年後，宋蒙聯軍攻陷蔡州，金國滅亡。

路。但恐怕也是因為這樣的光芒過於耀眼，使得窩闊台感到相當不安，身居蒙古大汗之位的他，最終並沒有讓正值英年的弟弟再有立功機會。

《元史》中有一段記載，窩闊台身患重病，拖雷為了救他，請巫師將病毒轉移到自己身上，最終替哥哥而死。但這也更有可能是一次功高震主後，帝王心術發威之下的犧牲。這個仇恨使得日後拖雷與朮赤的後人都難以釋懷，特別是窩闊台還將拖雷系的部族全部劃歸給自己的兒子。

然而窩闊台的報應來得也特別快，朮赤離世後，他的兒子拔都繼承了他的領地，並且於一二三五年展開驚人的西征（又稱「長子西征」），一路將當時歐洲強大的基輔公國消滅，並且扶持傀儡政權雅羅斯拉夫二世，作為自己在羅斯托夫地區的代理人，而他也於一二四二年在薩萊（今俄羅斯的窩瓦河下游，阿斯特拉罕附近）建立欽察汗國，樂得獲稱仁慈汗❹，並且遠端遙控蒙古本土的政局。

窩闊台過世之後，由他的妻子乃馬真皇后作為攝政，統治了蒙古本部五年，之後才將大權交給兒子貴由。然而貴由也是參與拔都西征的一員，並且在過程裡與自己這位堂哥有過不小衝突。當拔都聽到他那個表現並不突出的堂弟要成為自己的主君時，他的態度也相當不含糊，就是連理都不理，蒙古帝國傳承汗位的庫里爾台大會，他直接選擇性忽略，這搞得帝國內部相當地尷尬，也有不少人嗅到了政局即將要出現大風暴的氣息。

沒多久和林（今稱哈拉和林）方面已搶先出手，窩闊台派的貴由要求頗受拔都賞識的雅羅斯拉夫二世入朝覲見，這個拔都的代理人於是千里迢迢來到了當時太后與大汗的面前，然而迎接他的卻是一杯充滿死亡氣息的毒酒。

一直以來，雅羅斯拉夫二世彷彿是拔都跟貴由關係中的一隻和平鴿，如今他直接不體面地被解決，也象徵著雙方已不復存在和平溝通的空間。一二四八年，終日耽溺酒色而不理政事的貴由，終於奮起一把帶領十萬大軍向歐洲而去，準備跟他的堂哥來場正面對決。

然而不知道該說天佑蒙古、還是拔都的刺客太強，貴由大軍還沒來得及跟拔都碰面，甚至他們的元帥人都還沒出新疆，就在帳篷裡「暴病」身亡了。於是拔都在一陣得意之後便也啟程回師歐洲，畢竟比起進入蒙古本土，他樂得做一個能夠繼續遙控政

---

❹出自："He received the nickname of сайн (lit. 'good'), by which he was referred to by Marco Polo." Alemany, Agustí (2000). *Sources on the Alans: A Critical Compilation.* BRILL. p. 166.

局的太上皇般的存在。

最後，他派自己的手下以十萬大軍，護送拖雷的長子、曾經與拔都共同西征的蒙哥回到和林，成為了蒙古帝國第四位大汗。

叛徒忽必烈登場，與窩闊台後裔拉扯三十八年

但很可惜的是，這個帝國最終因叛徒出現，而使得國家的征伐之路停下了腳步，這個背叛者就是忽必烈。忽必烈雖然被稱為元帝國的肇建者，但自始至終，他都是個脫離了黃金家族繼承傳統、得不到各大汗國支持的存在。

忽必烈先是打破過往庫里爾台大會登基的傳統，背叛自己的兄弟阿里不哥，再來是四大汗國當中，僅有與自己血緣關係最近的伊兒汗國承認他的汗位，並且引爆黃金家族長達三十八年的內戰。真正蒙古的核心和林地區，還在他七十高齡的時候，被窩闊台的孫子海都攻破，此戰爭最後以忽必烈以高齡之軀親征前線，而海都戰敗後死於退軍途中而告終，稱海都之亂。

忽必烈為拖雷的第四子，除建立元朝，也繼承了父輩的恩怨情仇，高齡七十仍與窩闊台後代打對臺。

然而即使這個龐大的家族最終以一家之力，發起了屬於十三世紀的世界大戰，進而無法探索冷兵器時代之帝國疆域最大紀錄的極限在哪裡，卻也留下足夠多的影響，甚至延續到往後的幾個世紀。

就以東亞帝國而言，打跑元順帝妥懽貼睦爾的朱元璋，建國之後雖然號稱是恢復了中華正統，但對文人士大夫的折辱與文人地位的低下，一點都沒有正統中華帝國的氣象，反而跟「九儒十丐」的元帝國更加相似。

而明帝國首都北京，也一度又被成吉思汗的後人攻陷，在土木堡之變❺後，蒙古帝國繼承人所建立的瓦剌❻政權，在也先太師❼的帶領下，俘虜了明帝國最高統治者——明英宗朱祁鎮，並且在幾天的攻防之中，差點打下北平這座丟失百年的都城。

也因為蒙古人的重商思維，他們在統治期間，達成了歐亞一體化的初步階段，當時義大利商人、阿拉伯商人、波斯商人、絲路商人都繁忙地在帝國體系中行走，甚至像泉州港也成為了這段歷史的見證，數座大規模的清真寺、教堂與佛寺並存，一方面象徵著帝國的宗教寬容，一方面也見證了海上商人東西交流之密切。

《馬可．波羅遊記》只是一段紙上幻想？

然而，關於最著名的「旅蒙」者馬可．波羅，我們則可能要更謹慎地來看待他的紀錄，首先根據他所言，他可以在大汗身邊出入、並任職於揚州，若一切屬實，應該也要在《元史》或者當代的文獻中出現，然而這一切並沒有發生。

詭異的是，馬可．波羅的家族中，也不存在任何跟中國有關聯的財物，哪怕是個紀念品也沒有。而最早提出疑問的學者，則是不能理解為什麼他沒提及纏足與長城，但這跟元代時長城早已荒廢較有關，並不太能證明他是否到過元帝國。

❺土木堡之變：是指一四四九年九月一日（明朝正統十四年），明英宗朱祁鎮御駕親征北伐瓦剌後的撤軍途中，於北直隸宣府鎮土木堡（今河北省張家口市懷來縣境內）遭遇瓦剌軍襲擊，慘敗被俘的事變。同時也是正統十四年七月至八月十五日期間，明朝和瓦剌在大同、宣府兩地爆發的一系列軍事衝突的統稱。此事件也是明朝對外政策開始由攻勢轉為防禦的標誌性事件。

❻瓦剌：為中國北方蒙古高原一帶的游牧民族，在蒙古語中被稱為「衛拉特人」。活躍時間主要集中在十三到十七世紀，後期逐漸呈現突厥化趨勢。

❼也先太師：蒙古瓦剌部首領，在土木堡之變中俘虜了明英宗，其統治期間，是瓦剌的極盛期。

對每個時代而言，妄人與掮客總是不缺乏的，他們誇大其辭與精采的描述，無論使用什麼平臺都注定能夠吸睛，馬可．波羅對東方精采的描述，促成日後大航海時代所有冒著生命危險出港的人，心中對於遠方抱有期待。

一如後來，一位在英國流浪的狂徒，宣稱自己來自一個叫福爾摩沙的國家，身為流亡王子，必須告訴大家他的國度發生了什麼，即使內容離譜，卻也啟發了愛爾蘭作家強納森．史威夫特，並且寫下另一本經典小說《格列佛遊記》。

我總覺得金庸對於這段馬可．波羅的故事是有極濃厚興趣的，於是他也根據這個形象創造出皇帝跟班、能夠手握大權並且護送公主的角色——韋小寶。或許這也能作為蒙古帝國留給世界，最為特別也饒富意味的遺產吧。

歷史情境對話站

1. 蒙古的屠城政策徹底落實，被視為是版圖擴張速度極快的原因之一，這該如何理解？暴政是一統帝國最直接的手段嗎？

2. 蒙古帝國似乎不符合「**其興也勃焉，其亡也忽焉**」的「《左傳》定律」。當今世界兩個人口最多的國家中國與印度、版圖最廣的俄羅斯也都深受蒙古的影響，除了血緣外，還有哪些特質可能是蒙古帝國的遺產？

3. 蒙古西征時曾經多次進行屠殺，為什麼同樣在征服者的鐵蹄之下，基輔羅斯地區深受其害，而莫斯科反而得到崛起的契機？

延伸關鍵字 **想知道更多，請搜尋——**

\# **基輔羅斯** \# **欽察汗國** \# **長子西征** \# **海都之亂** \# **馬可．波羅**

\# **襄樊之戰** \# **釣魚城之戰**

Chapter 5

霸權神話破滅，內憂外患夾攻的帝國轉型史

被西方船堅炮利叩開國門後，對外戰爭與革命浪潮，將華夏帝國的主權撕扯得四分五裂：列強勢力插旗與軍閥割據戰火交錯，帝制終結後，中國欲走往何方？

CHINA

【21】

萬曆三大征後，明帝國的諸神黃昏

「皇帝也是人而並非神，即使他的意志被稱為『聖旨』，也並不是他的判斷真正高於常人。」

——黃仁宇《萬曆十五年》

歷史小檔案

登場人物

明神宗、哱拜、楊應龍、豐臣秀吉、張岱、努爾哈赤

發生年代

16 世紀～17 世紀

國際上正發生

- **荷蘭**：獨立運動❶面臨重大挑戰，然而因英國無敵艦隊打敗西班牙，使得局面開始出現逆轉；1602 年，聯合東印度公司成立，海外航行即將讓這個國家走上世界舞臺的中央，22 年後，他們的船隻開進了臺灣大員港。

就在明帝國四處征戰，而且皆以勝利告終的時候，帝國時代的喪鐘也已經悄悄地響起。資本主義的萌芽，使得帝國內部貧富差距進一步拉大，一方面在豪強上演《金瓶梅》的時候，西北的農民大起義已經方興未艾。而小冰期的到來更是加劇內外的窘迫情勢，崛起的女真即將給華夏帝國帶來最致命的一次打擊。

帝國制度即將要畫下句點了，如果將華夏帝國看成是人的一生，兩千年的歲月在走向最後三百年時，就像是一個人已經來到了生命的尾聲。

我會將這段時光，也就是從明帝國自隆慶開關❷、萬曆三大征到崇禎上吊，視作

❶荷蘭獨立運動：發生於一五六八至一六四八年，又稱八十年戰爭，由於西班牙國王菲利普二世，對屬地尼德蘭實施貿易稅，並迫害當地的喀爾文教派（改革教會），喀爾文教派主張推暴政，一五八一年，尼德蘭各省組成了尼德蘭七省聯合共和國，宣布獨立。直到三十年戰爭結束，在《明斯特和約》中，西班牙終於承認尼德蘭獨立，稱「荷蘭共和國」。

❷隆慶開關：一五六七年（隆慶元年）明穆宗開放福建漳州的月港一處口岸，讓私人海外貿易轉為合法。

一次迴光返照。如果說蒙古帝國是一次鐵與血的強制全球化，那在華夏帝國的末尾，因為白銀與大航海，所迎來的時代浪潮則是初階的資本主義萌芽。

在一五九二年開啟的萬曆三大征

萬曆王朝開啟於張居正的改革，因為白銀廣泛使用，奠定了改革稅制的基礎，也為日後萬曆皇帝帶來可以揮霍的資本。這時就出現了在他任內重要的三次大型戰役，寧夏之役、播州之役以及朝鮮之役，稱萬曆三大征。

◆寧夏之役：當人老闆真的不要對屬下太苛刻

寧夏之役可以視作蒙古與帝國北疆戰爭的延續，一位嘉靖年間投降的蒙古人哱拜，與長期被剋扣軍餉而感到不滿的基層軍士，一次譁變後，於一五九二年（萬曆二十年）占領了整個寧夏地區四十七座堡寨，一時之間讓陝西的防務體系出現大量破口，這引發了朝廷的恐懼。

萬曆皇帝調來了整個帝國最精銳的部隊，如南方特別善戰的苗兵，以及在北國履立戰功的遼東總兵李成梁之子李如松，加上從葡萄牙傳教士手上獲取的大炮，這場戰鬥在八個月後畫下句點，然而帝國中央部隊在寧夏地區的破壞事蹟也不比叛軍少，使得陝西自此變成帝國產生離心力的重鎮。

◆播州之役：來自五司七姓對楊家的反撲

播州之役雖然名氣不響，但絕對是三大征當中最為驚心動魄的一次，十七世紀的第一年，萬曆面對長期盤據在貴州、雲南一帶，一個影響力與存在時間都遠遠超越明帝國的傳奇——楊家。

自古以來，華夏帝國表面上是統一的政治實體，但在邊疆地區卻是由許多小部落分散統治，特別是西南角落山高水長，朝廷力量鞭長莫及，只能採取一種羈縻❸手段——承認上面有個皇帝就好，至於你這固若金湯、易守難攻的碉樓，中央實在也沒必要自討沒趣。

❸羈縻：指中國開放某些隸屬朝廷的少數民族區域，由當地原住民首領自行統治。

延續到民國時代，桂系將領在南方所擁有的實權也超乎蔣介石控制，大廈將傾之際，李宗仁、白崇禧仍然擁有很大的話語權，甚至電影《讓子彈飛》都特別選一個西南方的山城當背景，都與這項地理、人文特色有關。

播州楊家在唐帝國時期進入這片土地生根發展，在他們面前看到唐、宋、元、明四個堅不可摧的帝國陸續徹底倒下，對當地平民而言更是如此，眼前看到的是流水的皇帝與鐵打的老爺，於是在地的土司（中國邊疆特設官職）與楊家也一直保持長期的合作。

大抵所有的文明會消滅，都來自於自毀，楊家也不例外。萬曆年間，家主楊應龍休了自己的髮妻，並將她與岳母都殺了，此舉引來當地其他豪族「五司七姓」的不滿，於是向四川官府報案，四川的李化龍認為這是一個可以重新幫西南勢力洗牌的機會，於是上報中央。

楊應龍得到消息後，迅速向北京表忠，聲稱自己願意接受朝廷一切差遣，甚至帶兵進中原為皇帝鞍前馬後都沒問題，姿態擺得這麼可愛，又恰逢當時萬曆正在處理東北角日本入侵朝鮮的問題，就暫且擱置爭議。但當楊應龍為了讓明帝國放心而送到重慶做人質的兒子死後，他的心態又出現變化，開始整軍經武，並且強化自己的雄關堡壘——海龍屯的防禦體系。

最後，帝國正規軍一如寧夏戰役的時候，自四面八方如潮水湧向這個幾乎是獨立了七個世紀的邊陲，而扛過元帝國鐵蹄與時間考驗的播州，最後竟被淹沒在歷史的洪流裡，楊應龍最終選擇了自盡，徹底結束了這個傳奇家族在歷史舞臺上的最後演出。

◆萬曆朝鮮之役：豐臣秀吉怎麼不講武德

因為豐臣秀吉的野心進而引起的朝鮮戰爭（朝鮮則稱為壬辰倭亂），則是一場東亞霸權角逐。此戰爭發生於一五九二至一五九八年，豐臣秀吉真正掌權後，首要必須移轉國內矛盾，於是就把焦點擺在了對明帝國的軍事行動上。

豐臣秀吉以「假道入唐」為名（唐，代指中國），向朝鮮要求借道攻打中國，因久未獲得朝鮮答覆，不講武德地在一五九二年派兵入侵朝鮮，當時為中國藩屬國的朝鮮被打得滿地找牙，轉而向宗主國求助，於是明神宗出兵援朝。

此戰役禍及朝鮮半島全境，曾議和休戰，但一五九七年再度爆發，後期雙方陷入膠著，最後因為豐臣秀吉病逝，日軍決定撤軍，這場侵略行動宣告失敗。同時，這場戰鬥也使得明帝國的軍費開支來到難以招架的地步。

薩爾滸之戰後，明帝國陷入紙醉金迷的夢境

如果說萬曆朝鮮戰爭是帝國最後的輝煌，那一六一九年隨之而來的薩爾滸之戰，則是明帝國的諸神黃昏。

當時，在遼東以北崛起了一個女真部族，首領是曾經叫明帝國督師李成梁一聲乾爹的努爾哈赤，他以自己家族曾被明軍迫害為由，書寫七大恨❹罪狀書，號召部族與他一同復仇，發展到萬曆晚年，已經成為一支極為強大的力量。

這迫使垂垂老矣而且身染疾病的宋神宗不得不下令征伐，調動而來的部隊超過十餘萬，此中還有曾在播州戰役、海龍屯一戰封神的大將劉綎、遼東總兵李成梁的次子李如柏，以及南疆特種部隊苗兵，在總指揮楊鎬的帶領下兵分四路，直搗敵國首府赫圖阿拉城（今遼寧省新賓滿族自治縣）而去。

然而結局卻是，人數不到帝國正規部隊一半的女真人，最後幾乎全殲了這支帝國精銳，從此遼東局勢一路惡化，直到一六四四年崇禎吊死在景山為止。一連串軍事行動後，無論勝敗如何，都迫使帝國不得不增加各種稅目，讓子民有機會用實際行動表達對吾皇萬稅的忠誠。

然而，在專制時代裡，富豪總是能夠用他手眼通天的本領，最後把自己應繳納的部分，成功轉嫁到比自己貧苦數倍的平民身上，然後繼續過上「不知天上宮闕，今夕是何年」的快樂生活。

江南一帶的鹽商、以及透過大運河做漕運生意的商賈，仍然過著紙醉金迷的日子，只是養起美姬、妻妾，還遠遠難以滿足他們內心變態的慾望，非得連外貌俊俏的男孩都睡上幾個那才叫體面，孌童與男風開始盛行，也不僅僅是這些資本主義腐蝕之下的人們如此，即使是大文豪、曾經寫下《陶庵夢憶》的張岱，也無法抗拒這樣的男色誘惑。

正當秦淮八艷❺在長江邊上綻放與黃金白銀交映下，專制帝國散發著最醉人的香氣，而陝西餓死數百萬人後，在死人堆裡默默爬出了一個公務員，他決定帶領剩下的人們對這個黑暗的世界發動一場逆襲，他叫李自成。

---

❹七大恨：一六一八年，由後金政權的君主努爾哈赤發出，內容為明朝對不起女真族與努爾哈赤的七大罪狀，而後發起明清戰爭。

❺秦淮八艷：是明末清初南京秦淮河畔八位歌妓才女的合稱。為馬湘蘭、卞玉京、李香君、柳如是、董小宛、顧橫波、寇白門、陳圓圓。

而遼東的努爾哈赤也將繼續他的征程，即使後來努爾哈赤倒在了袁崇煥的大炮之下，他的兒子、孫子，有一天也將會踏破長城、居庸關，走進這片糜爛卻美好的農耕文明區。

歷史情境對話站

1. 明帝國是不是有更好的收稅方式或其他方法，可以抑制豪紳？
2. 薩爾滸之戰中，如果明帝國獲勝，會不會使歷史改寫？女真部族一旦衰弱，是不是明帝國就能延長國祚？

延伸關鍵字　想知道更多，請搜尋——

#土司制度　#桂系　#萬曆三大征　#薩爾滸之戰　#藤堂高虎　#張岱

#女真

【22】

女人掌權錯了嗎？被誤解的慈禧太后

「對我而言，人們生而平等，
這並不只是喊喊口號的主張，而是一切事物的基礎。」
——芬蘭總理 桑娜．馬林

歷史小檔案

登場人物

慈禧太后、同治皇帝、光緒皇帝、恭親王、左宗棠、李鴻章、曾國藩

發生年代

19 世紀最後階段

國際上正發生

- **西歐**：天下圍清，因為清帝國一連串錯誤的外交政策，致使西洋諸國將入侵目標幾乎都放在這片古老的陸地上。西歐經歷一連串的變革，新興的德意志帝國與義大利崛起，衝擊了法國長期一家獨大的局面，同盟國與協約國的衝突一觸即發。

慈禧太后其實是真正清帝國末年的裱糊匠，透過她的權謀，在時代洪流中，她小心翼翼地在前半生幾乎做對了所有選擇，在晚年也為了自身安全，犧牲國家利益卻能安穩降落。但帝國體制的崩壞，似乎是這個時代的主旋律，大清究竟能以自身的能量擋住多久，就留待歷史給予答案。

如果可以選擇人生劇本，我想這位葉赫那拉氏即使後來能夠榮登太后寶座，她大概也會將這個編劇拖出來鞭數十，也不用驅之別院，直接就地掩埋了。

從悲慘開局到手握大權，慈禧跌宕的一生

慈禧十八歲喪父，二十六歲時就體驗了一把青年喪夫，到了三十九歲也感受到何謂喪子。在她波瀾不壯闊的生命旅程裡，曾經遇過老公安排的顧命八大臣想終結自己生命的窘境；也曾經遇過親生兒子同治帝不學好，跟外地大臣聯手弄死自己親信的尷

尬；更在她晚年，險些被培養一輩子的大清皇帝光緒帝與他的朋友上演圍園殺后的悲劇，還有成為滿清帝國唯一一個本該安養天年的歲月，卻狼狽逃出北京還險些喪命的太后。

雖然其中也有慈禧咎由自取的一面，但不得不講，這個人的一生也實在是不容易。

慈禧開始擁有權力，來源於她丈夫的早早撒手人寰。由於一次錯誤的外交政策❶，咸豐皇帝惹怒了英法兩國聯軍，在滿清

慈禧太后歷經清廷多起賠款的局面後，
提出需用最少的代價與物力去換取列強的歡心，
切勿讓對方坐地起價。

既顢頇又無知地害死英法使者，又不具備阻擋敵軍進逼的武力時，強盛的兩國聯手，於一八六〇年攻進了這個古老帝國的首都，並且用一把火將象徵滿清輝煌的圓明園燒了乾淨。

但多補充一句，日後這個園子能有今天的殘破，還是得拜八國聯軍時，北京人民也衝進園中大肆破壞所致。

而咸豐皇帝丟下爛攤子給六弟恭親王奕訢讓他與外國周旋後，自己則躲進了承德（位於河北省東北部）靜觀時局變化，想不到這一等，好消息與壞消息卻同時降臨：英法並沒有要消滅大清、但死神卻要來收人了，這一年，年僅三十歲的咸豐在煙波致爽殿駕崩。

原本在咸豐的設想裡，朝局應該交由他所信任的顧命八大臣與兩宮太后達成平衡，一邊代表行政官僚的立場、一邊維護皇家既得利益，然而八大臣此後明顯不希望自己受制於皇家，這也就讓兩宮太后有了與六王爺奕訢一同打破僵局的動機。

---

❶ 指兩廣總督葉名琛的錯誤作為。葉名琛不僅對外國使者傲慢無禮，並在亞羅號事件中撕毀英國國旗；而在英軍登陸廣州後，誤判對方實力，以為對方會因實力不足而自行撤退，未及時上報朝廷，最後被英軍抓至加爾各答。

辛酉政變後新氣象：大清向國際化起飛

六王爺AKA恭親王奕訢，號稱鬼子六，早在道光年間，他就是老皇帝心目當中極好的皇儲人選。這樣千載難逢的好機會，奕訢自然不會錯過，於是一八六一年，他選擇與兩宮及醇親王奕譞聯手發動政變，將八大臣通通押赴菜市口，由此進入到同治時代，史稱辛酉政變。

從同治登基到甲午海戰爆發前夕，清帝國彷彿是坐上了一臺噴射機，至少從表面上來看，這個國家正在經歷一場毫無疑問的大國崛起。

此前，國家面對南北分裂的局面，太平天國已攻陷長江以南，北邊又有捻軍❷、陝甘回變❸、英法聯軍等等，眼看帝國就要棺材板蓋一蓋準備下葬了。

然而就在慈禧、恭親王掌政的歲月裡，左宗棠、曾國藩、李鴻章各自立下不世之功，回疆的阿古柏被左宗棠平定，東土耳其帝國之夢幻滅；南方太平天國在湘淮兩軍的出力之下，最終也被消滅殆盡；英法聯軍雖入京師但並沒有滅國計畫，也使清帝國撿回一命。

再來，就是在恭親王奕訢自一八六一年起的洋務運動（自強運動）推行之下，清帝國建立起東洋最強大的海上力量——北洋水師。新式的學堂、總理各國事務衙門、張之洞創辦的漢陽鐵廠、南洋水師等等，面對這個新局面，許多史家甚至稱之為同光中興（又稱同治中興）。

當然，此處功勞並不會全歸給慈禧，但畢竟慈禧身為當時帝國實質意義上的最高領袖，表面上是保守派的她，確實也有多次給改革派開綠燈的紀錄。

慈禧與光緒權力拉扯，義和團乘機上位

光緒皇帝主政後，堅定認為大清與東洋蕞爾小國可在海上一較高下，殊不知一場黃海海戰❹，打空了過去國家數十年改革成果，同時也加速帝國重新回到本該滅亡的

---

❷捻軍：又稱捻亂，組成分子為反清農民軍，多活躍於長江以北、安徽北部及江蘇、山東、河南三省部分地區。

❸陝甘回變：西方稱為東干戰爭，發生於一八六二至一八七三年間，是大規模的回民動亂。

❹黃海海戰：又稱大東溝海戰，發生於一八九四年，為甲午戰爭期間，清日兩方的主力海軍於黃海北部附近海域與大連莊河黑石礁西戰場交戰。由於北洋水師連連落敗，最後黃海控制權落入日本手中。

軌道之上。慈禧也由此開啟人生中最難洗白的為惡篇章——義和團之亂與對十一國宣戰。但我也提醒大家，在看待慈禧所做決策時，請務必記得將她個人利益與國家利益切開來分析。

在光緒皇帝重用戊戌變法派時，極端分子曾經想過圍園殺后，慈禧基於自身安全，她必須軟禁光緒皇帝，避免皇帝出逃北京或者被任何有野心的地方大員劫持，最後極端分子們便以勤王、清君側的名義對慈禧個人展開討伐。

也因此，慈禧必須加速權力遞嬗，如果光緒一直是皇帝——重點是光緒年紀尚輕，那光緒在未來任何時刻，隨時都有機會對自己政治清算，這就讓慈禧把腦子動到了端郡王載漪的身上——她透露一個訊息給這位光緒的堂哥：因為光緒無子，我願意扶持你的兒子，作為光緒的繼承人。

這個舉措相當高竿，一方面讓宗室中有人願意繼續捍衛這位帝國國母的地位，一方面她也繼續剝奪光緒皇帝的權威。然而此舉，卻招致西方各國的不滿，他們認為慈禧的舉措嚴重削弱了光緒的權威，也不符合諸國各自的利益。

這就讓慈禧開始把歪腦筋動到了外國人身上，好一幫干涉內政的傢伙啊。一天，她忽然聽到山東、河北地界，有一群習武弄棍的無賴分子，竟還號稱自己刀槍不入。

一開始她還樂見袁世凱抓他們幾個帶頭的大師兄出來，表演胸口碎子彈，結果一槍被子彈給碎掉的幻術表演，然而這群人雖然蠢，但至少在討厭洋人這點，與慈禧有共識。於是轉念一想，慈禧認定這群人一旦進入首都，似乎可為己所用，於是便將這群行為藝術家兼教堂破壞者全請進京師來，義和團內也有政治嗅覺特別敏銳的領袖，也很迅速喊出了扶清滅洋的口號，自此義和團浩浩蕩蕩地開進北京。

從民心到人命，都是慈禧的逐權犧牲品

然而，請神容易送神難，當義和團真正進到北京後，燒殺搶掠洋人的事一件也沒少幹，這的確解了慈禧心頭之恨，但是這幫人在滅洋同時，也把這些暴力轉嫁到自己國人身上。這下慈禧可就麻煩了，畢竟人是自己邀進來的，且這幫人可號稱是來幫助大清消滅洋人，要是自己身為太后卻動用國家力量將他們殺得片甲不留，這下人心可就亂了。

於是一計頂級陰謀橫空出世：慈禧打算藉由外國人的手，消除自己在北京招進來

的大患，再透過民族反洋情緒鞏固其統治地位。因此一九〇〇年（光緒二十六年），一封向十一國❺宣戰、最後迫使國家賠償四億五千萬兩的《宣戰詔書》發出，而後天下如她所願大亂。但細想慈禧在這之後的作為，當她結束幾個月的流亡生涯，再回到北京後，無論是推行庚子新政❻的開明，或在日俄戰爭後決定推動預備立憲❼的果斷，都在在證明：清帝國四十餘年的實質掌權者，並沒有智商缺陷。

由此再回望慈禧在八國聯軍階段一系列的錯誤決定，不禁會讓人毛骨悚然，聰明絕頂的統治者可以犧牲萬千人的性命與骨肉，來換取自己的地位永固。

然而帝國體系至此已然糜爛，華夏經歷數千載的制度探索，也已經幾乎到了山窮水盡的地步，如此專制的國家，還有繼續存在的必要嗎？

---

❺慈禧宣戰的十一國分別為：英國、美利堅合眾國、法蘭西共和國、德意志、義大利、日本、俄羅斯、奧匈帝國、西班牙、比利時、荷蘭。

❻庚子新政：一九〇〇年八國聯軍入侵後，由慈禧太后主導的新政。改革項目諸多，但最後實踐的只有廢除科舉制度、廣設西式學校與送學生出國留學。

❼預備立憲：起於日俄戰爭，清朝為向富國強兵的日本看齊而推動立憲制度，包括建立議會、制定憲法以及推行近代化改革，由於保守派阻撓與皇帝猶豫不決，未能成功。

歷史情境對話站

1. 慈禧太后是否為合格的統治者？你是用哪個角度看待的？
2. 清帝國在南北分裂階段，為什麼最終能夠撐過去？關鍵在人才、軍隊、外國支持？還是有其他原因呢？

延伸關鍵字

想知道更多，請搜尋——

#太平天國 #李秀成 #洪秀全 #楊秀清 #自強運動 #甲午海戰

#辛酉政變 #康有為 #袁世凱

【23】

辛亥炸彈響了，誰開了起義第一槍？

「你們這革命呀，當然啦，你們是有原因的，
看我們清朝太壞了。唉！假如你們成功啊，
我看你們也不能強過我們什麼的。」
——肅親王對汪精衛的預言

歷史小檔案

登場人物

孫中山、梁啟超、孫武、瑞澂、黎元洪

發生年代

1911 年前後

國際上正發生

- **日本**：大日本帝國展現出改革後的強大實力，在外交場合上1902 年與大英簽訂了同盟條約《英日同盟》，並於戰場上擊敗了歌利亞大巨人般的俄羅斯帝國。
- **西歐**：進入了紅磨坊時代，四處紙醉金迷，藝文、社交、旅遊、沙龍交織出的繁榮景象，讓人們以為盛世已經到來，但此刻距離1914 年塞拉耶佛的槍響，也進入了倒數計時。

革命，是在經歷了器物、制度、思想的改變之後，在東亞帝國內有志之士的最終不得已方案，然而，這個選擇的代價，是無比巨大的不可承受之重。假使清帝國在立憲改革上能有更多時間，時代又會走向另一種可能。武昌的成功起義，使得帝國幾乎瞬間土崩瓦解，但是此刻的孫中山，人並不在中國的土地上。

孫中山的革命運動，是血與淚的交織。無數青年與對國家存有理想的志士倒下，興中會發起的乙未廣州起義❶與惠州起義❷，都讓清帝國的士兵雙手沾滿鮮血。平心而論，孫中山並不能算一位真的有主義的革命家，他的許多口號基本上都有

❶乙未廣州起義：於一八九五年（光緒二十一年）的農曆九月九日，由興中會領導人孫中山發起。原預計攻占廣州，但因消息洩露，導致大部分成員被捕，孫中山被通緝。

❷惠州起義：在一九〇〇年（光緒二十六年）的義和團運動期間，由興中會與三合會於廣東省惠州發起，目的為暗殺兩廣總督德壽，最後以失敗告終。

強大的借鑑感，借用到自己其實也不清楚主張之間是否相互矛盾。

例如充滿共產色彩的三民主義，卻與孫中山「驅逐韃虜」這樣充滿民族主義的想法並陳。加上他的事業，連最有可能支持的外國都幾乎保持沉默，因為對列強而言，與清帝國合作才能保障所有不平等條約繼續發揮效果，維持自身利益極大化。這使得內外都得不到援手的孫中山，陷入革命事業的低潮期。

清皇族自掘墳墓，革命火苗全數點燃

但是，轉折卻發生在清帝國願意做出改變的庚子新政之後。西方思想透過各類報紙，開始影響著帝國的知識分子，於是一簇革命的火苗，反而是在此刻被帝國的官僚點燃，沿著長江沿岸，對抗帝國的團體逐漸成立，其中就包含了後來孫中山此生最重要的迷弟黃興，於一九〇四年成立的華興會❸，以及蔡元培的光復會❹也在同年十一月成立。

革命思潮在一九〇五年匯聚於日本，形成了同盟會，並且跟當時清帝國內立憲派產生劇烈交鋒。立憲主張的代表是梁啟超，雙方就國家應該走向何方產生了論戰，歷時兩年後，以梁啟超停筆告終。但是清帝國頒布詔令，將知識分子與地方豪強全都收入諮議局，似乎即將召開國會、成立責任內閣，此舉再次挫敗了論戰當中占上風的革命派。

但是，清帝國從不讓人失望，他隨即幫自己的墳墓又往下鏟了一下。一九一一年五月，一份被稱作「皇族內閣」（慶親王內閣）的名單提出，十三位成員中有七位是滿蒙貴族，還玩什麼內閣制？

這下，覺得被戲弄的知識分子們決定逐步轉向革命派。但說來有趣，在武漢發動革命的這批新軍，他們的建立者是南洋大臣、著名滿清四大支柱張之洞，而影響他們最終行動的既不是光復會、華興會，也不是興中會，而是兩個跟地方關係更為緊密的

❸ 華興會：一九〇四年二月十五日在湖南長沙成立，由黃興領導的革命團體，並於一九〇五年七月與孫中山創立的興中會合併為同盟會。

❹ 光復會：一九〇四年十一月在上海成立，為反清革命組織，主要成員為江浙人，宗旨為「光復漢族，還我山河，以身許國，功成身退」。

團體——文學社❺與共進會❻。

共進會的主事者即為孫武，曾經因為名字一度讓許多革命黨人以為他跟孫文存在什麼樣的關聯。在他們影響之下，武漢新軍有將近四千多人是充滿革命熱情的青年。然而由於自忖號召力不夠，他們一直希望身為同盟會骨幹的譚人鳳、宋教仁與發起黃花崗起義的黃興，能夠前來武漢主持起義，只可惜天時地利皆不配合，偏偏在這個歷史關鍵時刻，黃興本人因起義失敗還躲在香港，不克前往。

革命消息會洩漏，都是抽菸惹的禍？

接下來的一系列發展，會讓人讀到這段歷史的時候，心想上天似乎並不怎麼庇佑革命黨人。

在孫武等人發現有號召力的大網紅們不願意來現場後，也就只好自己硬著頭皮上了，於是他們計劃在當年（一九一一年）十月六日中秋節發動革命。

但是好巧不巧，這個消息並沒有好好守住，一時之間「八月十五殺韃子」的說法滿城謠傳，這讓當時新軍的主事者、湖廣總督瑞澂當機立斷，先沒收了所有士兵的子彈再說。

失去先手優勢的革命黨人，只好被動地把起義時間向後推遲，並在漢口俄國租界的倉庫持續囤積炸彈與炸藥。十月九日，一名抽菸士兵經過火藥庫附近時，在沒有小心火燭的失神狀況下，菸頭掉落到了那堆炸藥之上，一時之間，漢口的天空炸出了開懷的笑容。

這下俄國巡捕也不得不加入了調查行列，想知道這個爆炸背後是不是有什麼陰謀，結果還真一不小心歪打正著，居然搜到了起義名冊。

這使得文學社的負責人劉復基、彭楚藩覺得不能再拖延下去，當夜就應該趁勢掀起革命，然而黑夜降臨後，瑞澂的兵馬也搜捕到他們的蹤跡，還來不及發動任何行動

❺文學社：一九〇九年一月於武昌成立的革命組織，是發起武昌起義的核心團體，民國成立後併入同盟會。宗旨表面自稱「以聯契約志研究文學」，實際目的為「興漢排滿，推翻專制，驅逐滿奴，奪回漢室江山」。

❻共進會：一九〇七年在日本東京討論後成立，目的為組織與聯合當時所有的會黨。於一九一一年和文學社共同發起武昌起義。

的他們，連同大部分革命黨骨幹，就先倒在了子彈與槍聲之下。

辛亥革命第一槍響：武昌起義爆發

十月十日的早晨，瑞澂認為勝券在握，開始按圖索驥，將所有可能參與革命的人都逮捕，然而此舉並沒有真的熄滅革命之火，反而讓感受到革命即將覆滅的年輕士兵加深了今夜必然起事的決心。

當晚，革命軍以楚望台、鳳凰山兩地為基地，鳴笛號召各營的士兵火速前往聚集，最終整個武漢九千多名士兵中，有將近半數選擇了加入革命。革命軍與清軍經過一夜激烈交鋒，最後革命方在清晨於黃鶴樓上掛起了十八星旗❼，象徵革命成功。

然而新問題接踵而至，這些下層軍官固然有滿腔熱血，成功打退了清帝國在這裡的駐防部隊，但以他們的號召力想要讓全國接受新局面，似乎是非常困難。

於是一個略帶黑色幽默的選項就浮上了檯面，他們打算找新軍協統黎元洪作為革命的領袖。

這個黎元洪在十月十日當夜，起初還鎮守在起義重鎮的楚望台以北，看到底下士兵表現出革命傾向，憤怒的他還隨手處死了帶頭的兩個代表，後來眼見局勢不妙，便悄悄溜回朋友家中暫避風頭，想不到在此刻居然反而成為了革命軍心中軍紀嚴明、平日素有威望，可以作為革命領袖的頭面人物。

清廷打地鼠：打倒一省革命軍，另一省又冒出頭

十月十一日，革命軍宣布成立中華民國軍政府鄂軍都督府，改國號為中華民國，廢除清朝宣統年號，並以黎元洪為都督，十八星旗為軍旗，以此昭告全國。此外，革命黨也於十月十二日陸續起義占領漢陽與漢口。至此，要地武漢三鎮（武昌、漢陽、漢口）已全數被革命軍拿下。

❼十八星旗：全稱為鐵血十八星旗，為武昌起義後，象徵革命軍所創立的中華民國軍政府鄂軍都督府（簡稱湖北軍政府）旗幟。

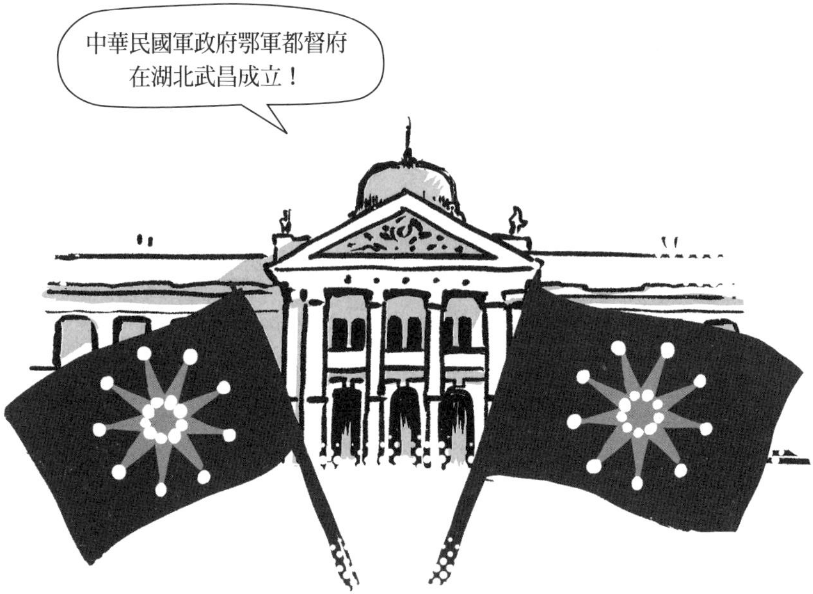

鐵血十八星旗象徵著革命軍的標誌性勝利。

當然，聽聞此訊的北京已急到跺腳，同日，攝政王載灃立即火速調動軍隊交付陸軍大臣廕昌與海軍副督統薩鎮冰帶領北洋軍隊，希望他們南下進攻武漢三鎮，鎮壓革命軍政府。

但這些北洋軍真正的效命對象，都是不久前被載灃排擠出朝堂的袁世凱，因此大軍行經長江北岸時，忽然就停滯不前，加上全國各省陸續宣告獨立，意圖創建統一政府，終結清廷統治。

這下載灃急得如熱鍋上的螞蟻，在萬般無奈之下，只得再次調動袁世凱出山。然而隨著孫中山於一九一二年一月一日在南京成立中華民國政府，同年二月十二日，袁世凱與孫中山達成協議，反過來逼迫宣統帝退位，於京兆地區以舊有北洋體系，打造有別於南京的中華民國政府，清朝政權結束，中國的帝國體制正式走入歷史，辛亥革命至此也終於落幕。

黃花崗起義 vs 武昌起義

事件名稱	黃花崗起義	武昌起義
發起人	同盟會	清朝各地新軍
發生期間	1911 年 4 月 27 日	1911 年 10 月 10 日
發生地點	廣州	湖北
起義目的	推翻清朝，建立共和政體	推翻清朝，建立共和政體
起義過程	由黃興率領一百多位手臂纏白布的革命黨人員攻闖兩廣總督府，但因風聲洩漏、火力調度出差錯，與起義過程有人臨陣脫逃，被俘者多數被槍殺。	10 月 9 日漢口火藥庫爆炸，俄國巡捕搜到起義名冊，革命軍骨幹彭楚藩、劉復基、楊宏勝被捕，其後皆被斬首；10 月 10 日傍晚，革命軍以楚望台、鳳凰山兩地為基地，鳴笛號召各營的士兵火速前往聚集，正式宣布起義；10 月 11 日凌晨，起義軍攻下鎮司令部，成功占領武昌。
產生影響	鼓舞全國各地的革命熱情，也推動了武昌起義。	全國新軍響應起義，長江以南各省陸續宣告獨立，鎮壓革命軍的內閣總理大臣袁世凱與臨時政府達成協議，反過來逼迫溥儀退位，中國自秦至清朝的帝國體制宣告終結。

歷史情境對話站

1. 中華民國建立之後，清帝國遺老們仍然對故國充滿懷念，你認為這是新時代的政治人物魅力不如舊時代？還是保守分子的存在不論國族、而且還掌有筆桿子可操作輿論的結果呢？

2. 中華民國是否有比孫文、袁世凱更好的領頭人？如果換成宋教仁、黃興或者黎元洪等人提前接班，會不會創造更好的局面？

延伸關鍵字

想知道更多，請搜尋——

#華興會 #光復會 #文學社 #張之洞 #慶親王內閣 #共進會

【24】

戰爭火線：軍閥割據 ×日本進城 × 國共內戰

「大時代的青年是資本，是工具。
我們振翅時，空中多少羅網；
我們奔馳時，路標上多少錯字。」
——王鼎鈞《關山奪路》

歷史小檔案

登場人物

張學良、張勳、黎元洪、段祺瑞、曹錕、蔣介石、毛澤東、史達林、彭德懷

發生年代

1920 ～ 1949 年

國際上正發生

- **世界局勢**：一次世界大戰結束，大正民主之風正在日本吹拂，而臺灣有志之士也開啟了文化上的認同追尋，一場對民主追求的百年運動自此拉開扉頁。戰後的世界經濟正在蓬勃發展，但同時也因為 1919 年的巴黎和會種下的諸多問題，以及過度擴展的經濟泡沫，正在醞釀出下一場大戰的危機。

推翻清廷後建立了中華民國，卻從來沒有一天讓這塊土地上的平民感受到寧靜。軍閥鬥爭、國共內戰直到日本入侵，華夏黎庶恐怕此時的生活品質，還遠遠不如清末。

而後黄金十年，為過往文人所歌頌的年代，但此時各地的色情產業蓬勃興起，各種地下經濟伴隨黑道的猖獗，顯現貧富差距之下，國家各種弊病也已然叢生。而中原大戰、九一八事變與數次剿共戰爭，更是撕開了這層由黨國所編織的國王新衣。

一九一二年，辛亥革命成功之後，由中華民國第一任大總統袁世凱，展開了對新時代的統治。

此時，由梁啟超所提出的中華民族觀念，開始逐步讓一個前現代化社會往民族國家的概念前進。然而，伴隨而來的也是巨變之後的各種陣痛，北洋體系看似是一個整體，但是內部派系鬥爭也很複雜。

一九一六年在袁世凱撒手人寰後，黎元洪繼任成為了第二任臨時大總統，而此時段祺瑞這位曾經留學普魯士，幾次敢跟袁世凱正面對槓的民初奇才正擔任國務總理，這個組合因為第一次世界大戰走到最後一年而產生危機——到底應該加入協約國❶還是同盟國❷？

就如今已有上帝視角的我們來看，正確答案似乎很容易作答，但在一九一七年看來卻非常麻煩。因為這時候的沙皇俄國已經幾乎被打殘，大約除了他們冷漠而無知的尼古拉二世陛下不覺得有什麼問題外，明眼人都感覺得到這個國家已經窮途末路。試想，德意志帝國如果能打垮俄國，並將東線百萬大軍投向當時陷入泥淖的西線去，戰局會發生什麼樣的改變？但是被稱之為北洋三傑，一向有銳利眼光的段祺瑞，他選擇加入英法陣營的協約國，並將對德宣戰的文告上呈給了黎元洪。

黎元洪或許基於自身國家實力仍舊不足的考量，以及對英法協約國是否能獲勝抱持懷疑，也更可能是對於這樣擅自決定國家大政的國務總理感到不滿，於是否決了段祺瑞的想法。段祺瑞一怒之下，決定拋下自己的職務，宣布到天津去，並且號召與自已關係親密的地方都督，集體對黎元洪施壓，甚至兵鋒直指北京。

黎元洪在恐懼之中，調集了張勳的辮子軍進入京師護衛，結果張勳另有他圖，於是在一九一七年搞出了擁廢帝溥儀復辟的醜事，沒有解決問題還反倒添亂，最後黎元洪狼狽地也後腳踏入了天津，淡出了清末民初亂哄哄的政治舞臺。

然而國家爭鬥的亂局還沒結束，這次中華民國憲政危機後，段祺瑞重新回到北京，他認為會出現這樣的亂局，關鍵在於法律不明，於是宣布廢黜《中華民國臨時約法》，重新改選國會。的確，國家混亂的根源與制度不全有關，但悍然丟棄約定俗成的彼此最大公約數，也很可能製造新的混亂與危機。

孫中山便是在這個時候，以保護《中華民國臨時約法》為口號，南下到了廣州並建立廣州軍政府，開始他的「護法運動」❸。

---

❶協約國：主要由法國、英國、俄羅斯、義大利和美國組成。

❷同盟國：由德意志帝國、奧匈帝國、鄂圖曼土耳其帝國以及保加利亞王國組成，在一戰時與協約國敵對，並最終戰敗。

❸護法運動：發生於一九一七至一九二二年，由孫中山為了維護《中華民國臨時約法》發起，因反對由段祺瑞主導的政府，並希望恢復中華民國國會，而在廣州建立護法軍政府。

民國初期三大政府比一比

	中華民國臨時政府	北洋政府	護法軍政府
成立地點	南京府	京兆地方	廣州
成立時間	1912 年 1 月 1 日	1912 年 3 月 10 日	1917 年 8 月 25 日
首任領導人	孫中山	袁世凱	孫中山
成立原因	武昌起義後，各省陸續響應號召，宣布獨立，需創立統一政府，此為亞洲第一個民主共和國。	袁世凱逼迫溥儀退位，清廷頒布《清室退位詔書》，其中提到：「即由袁世凱以全權組織臨時共和政府，與民軍協商統一辦法。」賦予袁世凱繼承北方政權之合法性。	因段祺瑞不遵守《中華民國臨時約法》，孫中山以護法為名義成立護法軍政府，為對抗北洋政府。
結束原因	孫中山就任臨時大總統後，向袁世凱聲明：只要袁能使宣統皇帝退位，自己就辭去臨時大總統一職，並推薦袁擔任大總統。1912 年 3 月 10 日，袁世凱為第二任臨時大總統，4 月 2 日，臨時參議院決議將政府遷往北京，臨時政府正式結束。	1926 年 7 月，廣州國民政府北伐，北洋政府最後一任國家元首張作霖撤退回奉途中被炸死。其子張學良於 1928 年 12 月 29 日宣布接受南京政府統治，北洋政府正式結束。	1921 年 4 月 2 日，由非常國會宣布軍政府取消，改稱廣州中華民國政府。

軍閥也搞政黨輪替？神祕數字「四」發威

北方在黎元洪離開總統大位後，北洋三傑之一的馮國璋與袁世凱支持者徐世昌先後成為總統府的主人，但大家最關注的還是段祺瑞主導的國會改選。這次選舉結果，讓南方一名人微言輕的小軍閥率先開炮，他表示自己不承認這種毀憲之後的國會改選，這個人叫做吳佩孚，隸屬直系軍閥❹。

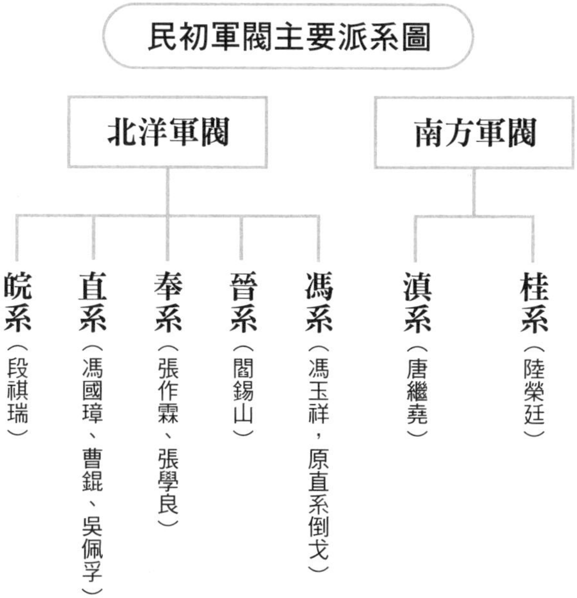

❹軍閥：軍閥派系可分成直、皖、奉、晉、馮、桂、滇系等，其中直、皖、奉、晉、馮系為北洋軍閥，桂、滇系為南方軍閥。

後來吳佩孚與直系首領曹錕等人通力合作進軍北京，並且最後打垮了段祺瑞的部隊，自此結束了皖系段祺瑞從一九一六至一九二〇年的四年執政，直系時代來臨。這個階段，直系可以說星光熠熠，就以吳佩孚來講，他本人更是登上美國雜誌《時代》（*TIME*）封面，被譽為最有機會一統中國的軍閥。

實際上直系勢力也是在權力牌桌上各種攻城掠地，先是將第二任中華民國大總統徐世昌逼退，扶植下野多時的黎元洪成為傀儡總統，並且六次變換內閣來確定自己的話語權，此後吳佩孚在一九二二年宣布：恢復法統，包括參、眾兩院召集復會。

具體而言，《中華民國臨時約法》規定：總統必須由國會選舉產生。但此前無論是孫中山、袁世凱、黎元洪、馮國璋還是徐世昌，都是經過密室協商、妥協而出的產物。而面對歷史，我們必須很誠實地面對一個真相：第一次按照正常程序從國會當中選舉出來的中華民國總統，其實是尊重憲法的曹錕。

而一直以來大家所認知的一九二三年曹錕賄選事件，主因是過去幾年的動盪，讓許多議員很久都沒拿到薪水，既然曹錕現在掌握了北京的統治權，想到的就是以他私人名義，以五千元支票一人的方式把欠薪補足。

當然這看在政敵眼中，就是不折不扣的賄賂行徑，於是政敵們醜化收了錢的議員們，叫他們豬仔，而曹錕也被譏諷為「豬仔總統」，其威信自然也就跟著掃地了。這也讓當時在山海關外的奉系找到了進入北京的縫隙，於是以張作霖為首的奉系發動了對華北的全面戰爭，並且最後成功入主中原，直系也結束了一九二〇至一九二四年的四年執政。

雖然只是巧合，但奉系掌握天下的時間也剛好只有四年，一九二八年張作霖在六月四日當天，於皇姑屯被日本炸死，稱皇姑屯事件；而取代了孫中山成為廣州軍政府領導的蔣介石，也在這一年完成北伐的任務；接替張作霖成為東北王的張學良，從此宣布改旗易幟，加入蔣介石領導的中華民國，由此結束北洋政府時代，進入蔣介石政府話語體系所宣傳的黃金十年。

灌水的黃金十年：內部鬥爭仍持續，日本又橫插一腳

實際上，這個黃金十年的水分非常大，因為就在這之後僅僅不到一年的時間，中原大戰就在一九三〇年爆發開來，主要原因還是在蔣介石無力兌現在北伐戰爭期間，

許諾軍閥的支票。

於是馮系首領馮玉祥、晉系領袖閻錫山、新桂系首領李宗仁等人開始了與他在中原的爭霸戰爭。

而當時天下眾所矚目的就是少帥張學良（奉系首領張作霖之子）的動向，以當時奉軍的實力，他只要選擇入關，無論是幫助哪一個陣營，勝利的天秤都會立刻向那個陣營傾倒。

當時蔣介石為了拉攏張學良加入己方，不惜給予未來將黃河以北都給少帥管轄的承諾，這讓觀望洛陽戰鬥❺畫下句點、雙方都打得筋疲力竭的張學良眼睛一亮，於是他發布了「巧電」，通告全國自己將入關、加入蔣介石陣營，此舉讓各地軍閥都知道已經無力回天，於是各自收手而去。

但因為這次的調度，導致東北後來軍力空虛，又因為蔣介石曾在張學良與蘇聯爆發衝突時，給予了空頭支票沒有兌現，這使得張學良此番南下是真的奔著西北而去，結果就是，待到隔年九一八事變❻爆發，張學良在東北幾乎無力抵抗。

待到中原大戰結束，你以為中華民國從此河清海晏了嗎？

不然，這時候國共內戰已經打得如火如荼，各省督撫都唯恐紅軍流竄到自己的領地，打不了萬一自己被咬怎麼辦？

所以國民黨雖然幾次進行剿共，但是幾乎得不到決定性的勝利結果，一路看著紅軍撤退兩萬五千里，卻也沒有更實質性的辦法，最後來到了西安這個決定雙方命運的關鍵點。無論站在什麼角度，西安事變❼都讓共產黨找到了活下去的空間與時間，但同時結束了全國內戰，也似乎有機會讓中華民國自從建立以後，終於第一次可以喘一口氣。

只是歷史在這裡，又給所有渴望和平的人留下一抹嘲諷的微笑，還想和平啊？日本人來了。

---

❺洛陽戰鬥：在一九二六年五月發生，由國民革命軍與北洋政府所轄軍隊雙方交戰。

❻九一八事變：指一九三一年九月十八日，日本於中國東北發起的戰爭，日本奪得東北控制權後，迅速建立傀儡政權「滿洲國」，以對抗歐美列強。

❼西安事變：一九三六年，由張學良主導的軍事政變，由於張不滿蔣介石「安內攘外」政策（先剿共再抗日），劫持蔣介石，強迫其優先抗日。

抗日戰爭發生，是國共繁衍的罪孽

日本的入侵，基本上源於一九三七年的七七盧溝橋事變。近代有觀點指出，日本的失蹤士兵是真，日軍進城找人沒找到，最後引起日軍炮轟宛平城也是真，但實際上，一切都是中共在當中搞鬼。

由於蔣介石與日本其實在意識形態上都高度反共，唯有讓這雙方打起來，才能給中共最大的發展空間。於是中共中央北方局（領導北方革命運動的組織機構）局長劉少奇策劃綁了一個日本兵，使得國民黨與日本雙方難以調停，一場曠日費時的大戰就此打響。

最終，蔣介石所領導的政府獲得了勝利。然而這一行字背後的代價，是數千萬人的犧牲。

要說蔣介石勝利，是因為透過了一場堅決不投降的抗日戰爭，將「中國」從前現代空泛的概念，首次轉變成民眾得以認知的民族國家；這類似當前烏克蘭總統澤倫斯基的作為，正因為在不對等的國力之下，弱勢一方的負隅頑抗，終究能夠獲得國際尊重，並且徹底走出被殖民的陰影當中。

但蔣介石所犧牲掉的，卻是在史料上難以聽見其哀號的人民。一九三八年的六月六日，日本人兵臨鄭州以東僅四十七英里的開封城，坐困鄭州的蔣介石清楚認識到，如若河南淪陷則武漢不保，武漢不保則長江流域上下游都可能充斥日本船艦，則長江天塹也必然丟失，如此中國必將亡於太陽旗下。

此時湖南省主席程潛獻上了一個千古毒計：「欲抗日寇、河南獻首」——炸毀黃河堤防。透過暴雨後本來就水量高漲的條件，外加人為破壞，必能將滔天洪水灌入黃淮平原，此舉也將有效地拖住日本進兵。

蔣介石在日記裡面充分表現了他的憐憫，對於這般焦土政策可能帶來的傷亡與日後饑荒，他心生不忍……然後就批准了。

隔三天後的六月九日，兩千名士兵獲得了兩千元的獎勵，並執行了這個計畫，由於工作保密到家，日本人毫不知情，當然黃河沿岸的居民也一樣毫不知情。結果這場洪水導致黃河改道，河南、安徽、江蘇三省四十四個縣被洪水吞沒，有五十萬到九十萬人當下喪生，史稱花園口決堤事件。

這段記載是由立場相當親蔣的俄羅斯漢學家亞歷山大・潘佐夫所著，即使如此他筆下仍然道出了一個殘酷真相：蔣介石「親手」處決的平民，比在南京的日本「倭寇」處決的還多。這個舉動讓德國納粹的宣傳部長約瑟夫・戈培爾都感到不可思議。

如果劉少奇操刀的北方局事件為真，加上蔣介石花園口的決策，國共兩黨恐怕對中華大地的傷害，遠較入侵者日本來得更加罪孽深重。但是，這塊土地上的苦難至此還未告終結。

國共內戰：蔣與毛的量子糾纏

蔣介石的人生最終獲得什麼樣的評價，大約還是得回到國共內戰說起。

這一階段的他處於精神極端亢奮的狀態，畢竟此時二次世界大戰方結束他成為戰勝國的四大領袖之一，而且隨後英國首相邱吉爾因為選戰落敗而黯然下臺、美國總統羅斯福更是在迎接終戰日之前就已撒手人寰，與蘇聯最高領導人史達林自認頗有私交的蔣，大有天下大勢盡在吾掌中的自信。這在在體現於他跟毛澤東的幾次交手，尤以重慶會談最為經典。

一九四五年，二次世界大戰結束後，國民黨雖然贏得勝利，但明眼人都看得出來，這樣的戰果其實是泡芙式的凱旋，儘管外表還算美觀，但裡頭早已癱軟。這點從國民黨在一九四四年日本發動戰爭的強弩之末階段，仍然可以在對手「一號作戰」❽指示下兵敗如山倒，便不難看出，當時許多在重慶的英美外交單位見狀已大感不妙，都已經做好隨時撤出中國的準備。

然而此刻中國內部還有更嚴重的問題，就是在作戰期間不斷壯大的共產黨，此時共產黨恐怕已經有擁兵百萬的實力，加上一幫將帥軍官經歷了與日軍作戰的八年歲月，經驗值與對戰場的判斷力都處於巔峰狀態，這對國民黨而言極端不利。

蔣介石在宣布完國民黨對日本的態度：「基本保持與美國高度同步」後，終於想起自己這位老對手——毛澤東。他在戰爭結束後發去了電報，希望對方能夠親抵重慶，雙方一起對未來「共商大事」，稱重慶談判。

對此，毛澤東內心是很複雜的，一方面他知道蔣介石對共產黨的態度仍舊是曖昧不清，這體現在蔣介石此時期的日記裡，他時而稱共產黨為共黨有時候又爆氣起來痛

❽一號作戰：此為日方計畫名稱，中國稱為豫湘桂會戰，發生於一九四四年四月至十二月的抗日戰爭末期。

罵對方為共匪，這一字之間，可就存在攜手合作、或者魚死網破兩種天南地北的發展可能。

國共關係降到冰點，史達林勸和不勸離

此時，史達林在知悉此消息後，發給毛的電報打破了毛蔣僵持不下的局面。在史達林看來，毛澤東必須前往，一方面史達林跟國民黨之間早已達成了《中蘇友好同盟條約》[9]，確認了恢復蘇聯在東北的勢力範圍，與能在東北享有許多利益，如果國民黨此時忙於戰爭、或將共產黨作亂當成毀約的藉口，對老大哥蘇聯來講絕對不利；再者，以當時蘇聯視角來看，共產黨想與有美國撐腰的國民黨決戰，勢必會是一場世界大戰的延伸，至少又需要再打一場代理人戰爭。

要知道的是，二次世界大戰時蘇聯的總體損失，甚至超過了戰敗的德國，這時候他們自己一口氣都還沒緩過來，就又要再被拖入下一個戰場，再怎樣都是非常不划算的。因此，毛澤東對史達林的決定非常不滿，但礙於史達林在第三國際（共產國際）

的身分地位，也只能摸摸鼻子前往重慶。

但毛澤東也很技巧性地做了準備，一方面希望美國大使赫爾利能夠陪同自己坐飛機，他料定蔣介石會有打下飛機的可能，但只要有美國大使在，那蔣介石就會變得溫和許多。實際上，毛澤東的到來也確實讓蔣介石產生許多誤判。

蔣介石一度覺得和平可以透過談判獲得，但蔣或許不曉得，毛澤東在出發之前已經叮囑劉少奇、鄧小平等人，無論如何必須先盡全力作戰，唯有你們在華北打得越凶，我在重慶才能越安全。

雙方後來在各懷鬼胎的局面下，簽署了《雙十協定》❿，但這無法避免內戰後來仍然爆發。

❾《中蘇友好同盟條約》：中華民國和蘇聯雙方簽訂於一九四五年八月十五日，主要目的為：穩定中蘇關係、蘇俄從東北地區撤軍、蘇聯承認中國是外蒙古的宗主國。

❿《雙十協定》：為國共雙方於一九四五年十月十日在重慶簽訂，主要訴求為：和平建國、徹底貫徹三民主義、共產黨須承認重慶國民政府的合法統治地位等。

國民黨再三失民心，只能向大好河山say good-bye

基於幾個大家都知道的事實，國民黨軍隊、黨員、所占領地遠遠勝過共產黨，但為什麼最終卻慘敗到丟失整片大好河山？

或許從黨員管理鬆散這個角度切入，就可以獲得另一個有趣的視角：在共產黨獲得江山之後，曾經進行反右鬥爭，有人掌握了國民黨遺留下來的黨員名冊，順藤摸瓜地抓捕了許多國民黨支持者，但是無論怎麼進行拷問，這些人都沒有印象曾經加入過國民黨。

意即在戰爭爆發之時，許多黨員名字都是未經同意就直接填上去的，甚至也有人的名字反覆、多次地入黨，以此來完成每個黨部必須上報的年度業績。

當然，失去年輕人與知識分子支持也是非常嚴重且明顯的問題。這與黨內的特務機構存在極大的關係，當時著名知識分子聞一多，就時常批評時政，這也讓他成為許多特務的眼中釘——國民黨政權的威脅者，必須予以剷除。

後來左派學者李公樸因為當街遇刺，這讓聞一多憤怒地在大學裡發表對黨國近乎法西斯的統治採取更嚴厲的批判，可就在這次演講結束的當天下午，國民黨的特務也在街頭上槍殺了這位知識青年心目中的偶像。這使得一九四六年以後，國內的大學生與年輕人大量背棄了國民黨，進而與共產黨更加心靈契合。

在對日戰爭（八年抗戰）結束後，汪精衛政權與日本的主力部隊損失並不大，沿海諸多經濟重鎮都等待著國民黨收復，數百萬大軍鋪開來前往各大重鎮，而兵力被分散後，就很難再對共產黨形成泰山壓頂的威脅。更嚴重的是，經歷八年的消耗，大量官員與部隊帶頭者品質參差不齊，當勝利喜悅如同從天而降，對於富庶城鎮的接收基本就形同打劫。

為什麼許多研究國共內戰的學者，並不覺得二二八事件有其特殊性，正是因為此時早已有與二二八相同背景的悲劇發生。在當時國民黨所接管的城鎮裡，無數這樣的慘劇都在密集上演：通貨膨脹、官吏素質低下、打劫物資與不講法律，這使得國軍在沿海地區大失民心。

共產黨雖然此時沒有辦法拿到勝利之後的核心利益，但長期在農村發展的他們持續累積著人望，比起吃相難看的國民政府官員，相較之下更有小清新的感覺。儘管民心向背聽起來在船堅炮利面前不堪一擊，但國共之後在戰場上多次決定勝負的關鍵，卻就源自於此。

蔣介石的賭徒戰略：贏要衝，輸了更要衝

國民黨在前線作戰往往敗北之後，就無力補充新的兵員，共產黨則不然，就算前線失利，農村地區也能源源不絕地予以輸血。

一直以來，蔣介石都寄託希望在大平原作戰時，自己的裝甲車部隊能夠發揮決定性的影響，最終逆轉戰局。

然而共產黨動員的大量農村勞動人口，卻硬生生在華北平原上挖出無數壕溝，將設備最精良的國軍美械軍（擁有美軍輕步兵師裝備的部隊）完全困死在絕望與焦慮當中，最後一張王牌居然就在洶洶民意洪流當中，徹底被消弭殆盡。

蔣介石在戰略上自然也有很大的問題，例如寄託希望在東北徹底打垮毛澤東的心腹林彪、進而釜底抽薪，結果自身精銳在長春圍困戰⓫受制於對手的圍城打援計，最後幾乎全軍覆沒。

在丟掉關外的所有土地後，如果國民黨採取收縮戰略（也稱撤退戰略），把重兵駐防在長江沿線、以及東南半壁的富庶地區，或許還有繼續跟共產黨一較高下的資本，然而早年在黃浦江玩當沖與股票上癮的蔣介石，在人生最關鍵的這一刻，也決定發揮賭徒性格，將一切籌碼押在了「徐蚌會戰⑫的勝利是否會到來」上面。

當然，美國最後無暇顧及中國議題，也是蔣落敗的原因。一九四八年，共產國際主動製造了第一次柏林危機⑬，將全球目光自國共內戰轉移，並且成功吸引美國的全力關注，在這個短暫的時間裡頭，國民黨兵敗如山倒地在三大戰役中盡沒。

直到一九四九年，蔣介石已經知道自己再無獲勝可能，只能於十二月十日倉皇辭祖、搭乘飛機渡海來臺，此後再也沒有機會看見自己曾經統治的大片河山。

⑪長春圍困戰：發生於一九四八年五月二十三日的二次國共內戰時期，中共解放軍困守中華民國國軍於長春城內，五個月時間內，餓死難民十餘萬。

⑫徐蚌會戰：又稱淮海戰役，發生於一九四八年十一月六日的第二次國共內戰時期，由解放軍進攻國軍徐州剿匪總司令部，是國共內戰最關鍵的一戰，由於此戰國軍從兵力部署到指揮人選都處於搖擺狀態，最後以共軍壓倒性勝利告終。

⑬第一次柏林危機：發生於一九四八年六月二十四日的美蘇冷戰時期，起因於蘇聯封鎖了其在柏林控管範圍內的鐵路與道路，並不再供電給西柏林，使西柏林無法透過交通運輸管道獲得生活必需品。對此，以英美為首的西方國家發起柏林空運，使用空投方式為被控管地區輸送物資。

華夏帝國的發展史，讓我們時刻警醒自己

綜觀整部華夏帝國的發展歷史，你會發現：勝利不但脆弱，而且難以持久。在漫長的文明發展過程當中，總會有好幾個瞬間，感覺社會已經得到了一個肯定的答案，足以在歷史長河裡回答一切問題，然而時代變化與技術革新，又會再次讓當初提出解方的智者，在新的挑戰面前展現出他無比彆扭的一面。

蔣介石在一九四五年那個人生高光時刻裡，或許想的是自己終於在北伐、對日、西安等無數劫難裡，證明了自己是這塊古老大陸在新時代的舵手，然而這距離他政權的覆滅，卻也已經走向倒數計時。

而我們一般人又何嘗不是？在漫長的人生裡，必須回答來自青春期、發展期、中年期甚至是老化期的各種迷惘，也總是在以為我們找尋到了終極答案的時候，又再次陷入全新的困境之中。

或許歷史他是個悲觀的老者，讓你聽到無數失敗的案例。但同時，在面對浩瀚的人類文明時，也別忘了，我們都年輕，犯錯是常態，當找到正確答案時而欣喜之餘，也別忘了提醒自己，仍然要對局勢變化保持清醒。

歷史情境對話站

1. 一直有種說法認為：帝制至少穩定，民主體制則會帶來混亂，從中華民國的這段軍閥操戈的歷史來看，是否可以驗證？若這個觀點有其錯誤，那關鍵在哪裡？
2. 蔣介石有沒有什麼方案能夠避免自己丟失國土？
3. 毛澤東能擊敗蔣介石是因為本質上比蔣優秀？還是領導的團隊更具戰鬥力？又或者只是運氣的成分決定了最終勝負？

延伸關鍵字　想知道更多，請搜尋——

#中華民國臨時大總統　#北洋三傑　#張勳復辟　#軍閥戰爭

#二次世界大戰　#中共中央北方局　#國共內戰　#重慶談判　#共產國際

結語

披上無知之幕，重新看待歷史

臺灣對中國的情緒極為複雜，因為中國不僅是島上許多人心目中的祖地，卻同時也是當下世界上對臺灣生存安全最大的威脅，理解中國發展、歷史、哲學就顯得尤為重要。

然而往往當距離太近，反而很多時候看不清楚，在政治原因、情懷與宣傳之下，真實中國的面貌反而在臺灣人眼裡充滿神話色彩。而閱讀歷史，是除去心魔的開始，如果能更持平地在故事長河裡找到自己的定位，就更能知道自己所看見的風景，是從什麼角度切入，因此會更加審慎地重新評斷過往視之為理所當然的結論。

像是：慈禧與楊貴妃在國破家亡之際的角色，是否真的如此重要？王安石的變法，引爆了後世黨爭，但是否這就是北宋亡國的根本？如果網路的發展，使得極端的說法才會引起關注，對岸常見的「無腦尬吹」、「翻案洗白」似乎也早已是臺灣很多人的閱讀習慣薄弱之下，普遍也有的現象。

希望本書能夠讓大家重新回到平靜的狀態，暫時披上美國哲學家約翰·羅爾斯（John Rawls）所稱的「無知之幕」，冷靜地看待這些實際上與你我生活毫無關聯的過往人事物，進而得到對當前有所助益的觀點與經驗。

面對歷史，真正有勇氣的人不是仰仗著民族自豪感進而渲染的創造家，而是誠實面對自己無論喜惡都已經發生過的事實，然後透過多方的比較、時間的對照、人生的驗證，反覆去感受的人。願我們都能成為這樣，真正愛歷史的人。

國家圖書館出版品預行編目資料

一歷百憂解. 2, 解鎖中國史：讀懂一場 3000 年皇權賽局 / 李文成著. -- 臺北市：三采文化股份有限公司, 2024.08
面； 公分. --（iThink；14）
ISBN 978-626-358-422-8（平裝）

1.CST: 中國史 2.CST: 通俗史話

610.9　　113007846

iThink 14

一歷百憂解 2：解鎖中國史

讀懂一場 3000 年皇權賽局

作者｜李文成
編輯二部 總編輯｜鄭微宣　責任編輯｜藍匀廷
美術主編｜藍秀婷　責任美編｜李蕙雲　封面設計｜之一設計工作室　內頁排版｜陳佩君
內頁插畫｜阿瑞 rayliugogo　校對｜黃薇霓　行銷協理｜張育珊　行銷企劃主任｜陳穎姿

發行人｜張輝明　總編輯長｜曾雅青　發行所｜三采文化股份有限公司
地址｜台北市內湖區瑞光路 513 巷 33 號 8 樓
傳訊｜TEL：（02）8797-1234　FAX：（02）8797-1688　網址｜www.suncolor.com.tw
郵政劃撥｜帳號：14319060　戶名：三采文化股份有限公司
本版發行｜2024 年 8 月 2 日　定價｜NT$450